お金持ちが大切にしている
財布の習慣

財布コンサルタント
佳山知未

SOGO HOREI PUBLISHING CO., LTD

はじめに

あなたは、いつも「財布」をどの程度気にかけているでしょうか？

「あまり意識したことはない」

「そういえば随分くたびれている」

「とても大切にしている」

などさまざまだと思います。


それでは質問を変えましょう。

あなたは、お金が好きですか？

お金が欲しいと思っていますか？

「もちろん欲しいに決まっている」

という声が聞こえてきそうです。

でも、お金が欲しい欲しいと言いながら、お金の入れ物である「財布」の存在を気にかけている人が、あまりにも少ないように思います。

私は、財布やお金のコンサルティングを仕事にしています。財布コンサルタントになる前は大手企業で秘書をしており、社長や役員の方と日常的に接し、仕事をしていました。

また独立してからは、財布インタビューを行い億万長者やお金持ちと接する機会にたびたび恵まれました。

そこで、お金持ちには多くの共通点があることに気がついたのです。

その一つに、財布の習慣があります。お金持ちは例外なく長財布を持ち、中にはキレイな新札とカードが入っています。常に整理整頓され、すっきりしていてとても美しいのです。

詳しくは本書で説明していきますが、財布を「大切なお金の住まい」と考えて丁寧に扱うお金持ちは、とても多いのです。

それとは逆に、お金に困っている人、借金を抱えている人にも多くの財布の共通点があることに、この仕事をはじめて気づきました。

お金の悩みを抱えている人の財布は、お世辞にもいい状態とは言えませんでした。そのような財布に入っているお札は、くしゃくしゃでお金が気の毒に思えて仕方ないほどです。

また、ポイントカードや名刺も無造作につっこまれ、厳しいようですがこれでお金がやってきてほしいと願うのは少々虫がいいと感じます。

私は財布コンサルタントとして仕事をはじめてから、多くの財布を見てきました。そしてお金に困っている人や借金がある人に本書の内容をお伝えし、実践してもらいました。

するとその結果、年収が百万円アップした、お金回りが良くなった、仕事がうまくいくようになった、という人が続出したのです。

私自身もそれまでは決して意識が高いとは言えませんでしたが、〝お金持ちの財布の習慣〟を真似しはじめてから、おかげさまで年収は右肩上がりが続いています。

財布だけではありません。他にもたくさんのお金持ちに共通する習慣や考え方があります。

コンビニでお金を下ろさない。

一円でも落ちていたら拾う。

靴の裏まで磨く。

例を挙げると、なぜ？　と思うことも多いのです。

本書では〝お金持ちの財布〟についてだけでなく、このようなお金にまつわる習慣や行動を紹介し説明しています。すべての内容は私がお金持ちから直接教えてもらったことです。

お金持ちがしているからといって、難しいことは一つもありません。今日から誰でもすぐに実践できることばかりです。

ぜひ、お金持ちに共通する財布やお金の習慣を、正しく理解し実践して、その効果をあなたにも感じてもらえたら嬉しく思います。

佳山知未

目次

お金持ちが大切にしている
財布の習慣

Chapter 1

お金持ちになる人と普通のサラリーマンで終わる人は、何が違うのか？

Chapter 2 収入を倍増させるお金持ちの「財布の習慣」

Chapter 3 お金持ちは「お金の使い方」にこだわりがある

Chapter 4 お金の流れをコントロールする「毎日の習慣」

お金持ちになる人と普通のサラリーマンで終わる人は、何が違うのか？

Chapter 1

01

稼げないなら財布から意識を変える

稼ぎたいのに稼げない。収入を上げたくてもなかなか上がらない。

あなたはそんな悩みを抱えていませんか？

お金を大きく稼ぐ人の財布に共通点があるように、お金の悩みを持つ人の財布にも、多くの共通点があります。

それは、**「二つ折り」「ボロボロ」「パンパン」の、財布の三大悪**と言われるものです。

財布の三大悪とお金を引き寄せる財布

財布の三大悪

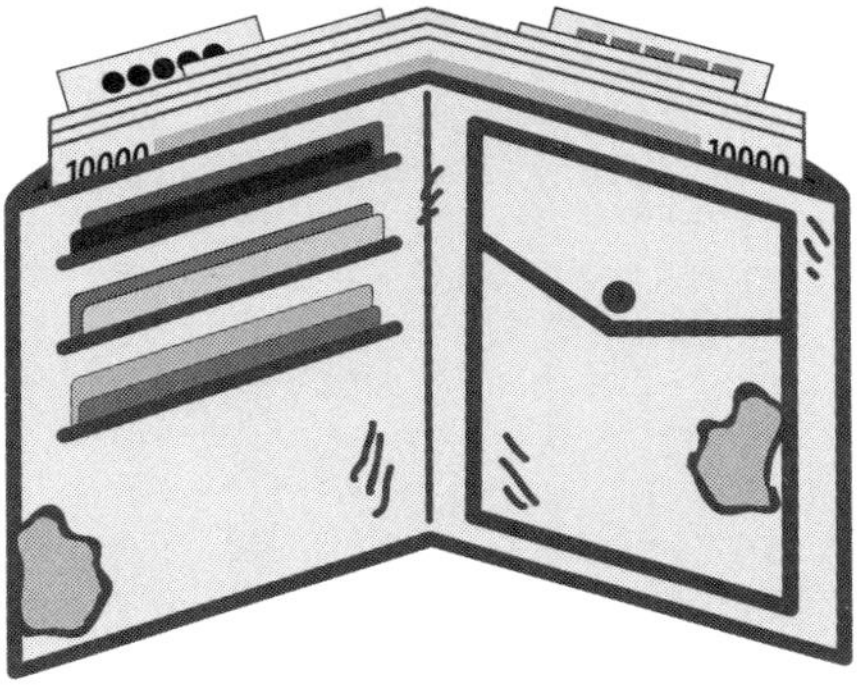

①二つ折り
②ボロボロ
③パンパン

お金を引き寄せる財布

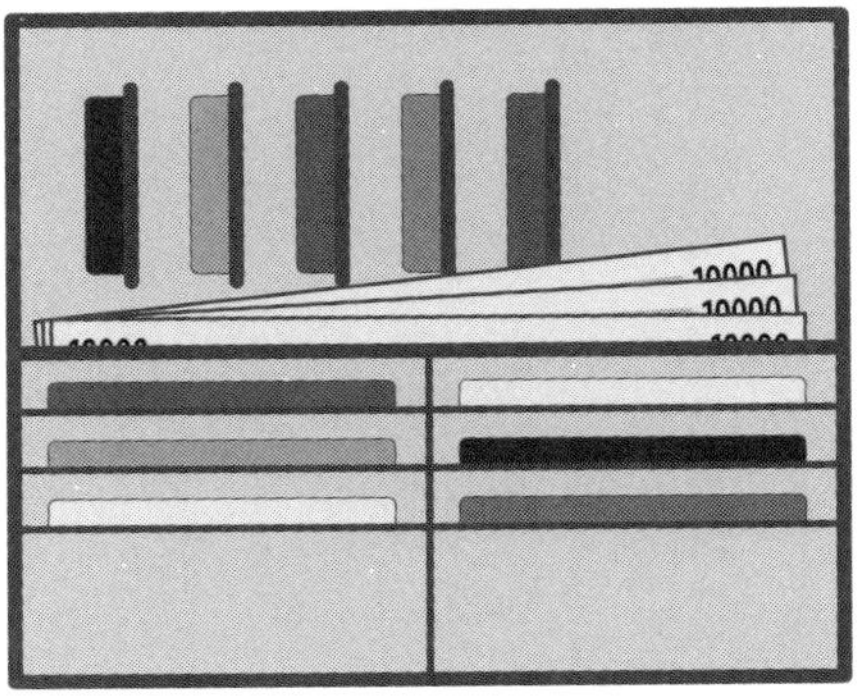

①お札が折らずに入る
②３年で買い換える
③キャッシュカード、
クレジットカード、
お金のみ

あなたは自分の財布をじっくりチェックしたことがあるでしょうか？

お金が欲しいのであれば、まずは財布を観察してみてください。

いつ購入したのか思い出せないほど長い間使われて、くたくたボロボロ。

二つ折りタイプの財布にお札が窮屈そうに押し込まれ、レシートや領収書、ポイントカードでいっぱい。購入した時の美しい財布の形は崩れて、分厚く膨らみ、角が折れてすっかり丸くなっている……。

そんな状態ではないでしょうか？

残念ですが、このような財布にお金は寄りつきません。


一方で、**お金を引き寄せる財布とは、「お札が気持ち良く過ごすことができる」財布**です。お金持ちは、お金が自分の手元に長く留まるように、財布を気遣ってあげるのです。

お金が気持ち良く過ごせる財布の重要なポイントは三つです。

まずは、**お札が折らずに入ること**です。

人間だって、正座をしていると、足が辛くなり長時間そのままではいられないのではないでしょうか？　お金も同じように、「こんなに窮屈なら、早くここから出て行きたい」と思うのかもしれません。もしあなたが二つ折りの財布を使っているなら長財布に変えましょう。

次に、**長くても三年で買い換えること**。

財布の寿命は三年と言われています（理由は、Chapter2で説明します）。お金という特殊なものを入れる財布は、特にエネルギーを消耗しますから、どれほどキレイに使っていても三年経ったら買い換える必要があるのです。

三つ目は、**財布にお金と銀行のキャッシュカード、クレジットカードの三つ以外は入れないこと**です。

領収書、レシート、ポイントカードなどは、取り出してスマートな財布をキープしましょう。

私が数年前に財布鑑定をしたある男性起業家も、財布の三大悪の典型でした。古い二つ折り財布の中は、レシートやポイントカードがぎっしり入っており、財布はパンパンで形も崩れ、汚れも目立ちました。

財布からポイントカードやレシート類を出すようアドバイスし、長財布に新調することをすすめたのです。

その男性はとても素直に私のアドバイスを聞いてくれ、一週間くらいであるブランドの長財布を購入しました。そこでその男性には、小銭入れを私からプレゼントしました。

その後、彼のビジネスは短期間で発展し、取り扱う業種内容も増え、収入も格段に増えたと報告してくれました。

はじめに話した通り、財布はお金の入れ物、住まいです。**お金は、環境がきちんと整えられて、居心地のいいところに集まってきます。**

私が見せてもらったお金持ちの財布は、どれも本当にキレイでした。

あなたもお金をたくさん得たいのであれば、まず財布を見直すことからはじめましょう。

02

稼げないまま終わる人は、いつも「並」を選ぶ

松竹梅の選択肢があったら、深く考えずに竹、いわゆる「並」を選んでいませんか？　日本人は、特にその傾向が強いようです。

並ばかりを選んでいると、いつまでたってもその他大勢からは抜け出せません。

本物の良さがわかる人には、永遠になれないのです。

お金持ちや成功者は逆に「並」は選ばず、最上級の「松」か、時に最下級の「梅」を選びます。お金持ちや成功者が最上級だけでなく最下級を選ぶ理由は、最

下級を体感しないと最上級の良さがわからないからです。
また、お金持ちや成功者は、中途半端を好みません。

いつも身の丈に合わせて「並」を選んでいる人は、時には、少し上を選んでみてください。

一社員から大企業の役員にのぼりつめた方や、ゼロから大きな資産を築いた方などは、安月給の頃から少し背伸びをして頑張っていた方たちです。
靴だけはイタリア製のいいものを買っていたり、数回飲みにいくのを我慢して高級万年筆を購入し、仕事に奮起したりしていたと言います。
ビジネスに関するものは上質な一流のもの、本物にこだわっていたと話すお金持ちは少なくありません。

私が開催しているお金のセミナーの参加者に、「この人、もっと上を目指せる人なのに……」と感じる方がいます。

まだまだ伸び代はたくさんあるのに、「自分はこの程度だろう」と自分を低く見積もっているのです。時勢を反映しているのか、守りに入っているのです。

残念ながらそんな男性は多いのです。

ですから、あなたがこれからもっと成功して上に上がりたいと考えているのなら、ただ安いほうを選ぶのではなく、時には自己投資で高いほうを選んでほしいのです。

たとえば、欲しいものの選択肢が価格によって複数あったとします。その時には、最も高額なものを選びます。

常に安いほうを選ぶ習慣をつけていると、「自分は安いものしか買えない人間」だと、潜在意識に刷り込んでいるのと同じことになります。それでは一生高いほうを買える人にはならないでしょう。それはとても怖いことです。

また、ものを購入するだけでなく、体感も必要です。

新幹線ではグリーン車やグランクラス、飛行機なら一度はファーストクラスかビジネスクラスに乗ってみるのです。

そして、そこで何が違うかを体感してみるのです。

どんな人が利用していて、どんなものを身につけているのか、そこに座っているお客様や受けられるサービス、何より空気感が全く違うことを肌で感じてください。

そして、相反する最下級も併せて体感しましょう。

自由席やエコノミー席ではどうでしょうか。どんな客層で、どんな持ち物で、何をしている人が多いのでしょう。

私も新幹線に乗る時は、グリーン車か普通車の自由席と決めています。

グリーン車では、アテンダントがおしぼりを出してくれたり、寒いと言えばブランケットを膝にかけてくれたり、ゴミを捨ててくれたりもします。また、身なりを整えた紳士が、ゆったり上質な香りのコーヒーを飲んでいたり、パソコンで仕事をしたりする様子を見かけます。シートはゆったりしていますし、足をのせるフットレストもあり、照明も安っぽい蛍光灯ではなくやや暗めで落ち着いたトーンです。

かたや自由席では、おかきやビールを片手に週刊誌を読んでいたり、騒々しかったりと、決して居心地がいいとは言えず、何となく落ち着きません。

こうして両方を体感することで、本物とは何か、上質とは何かがわかるようになります。

あなたが上を目指したいなら、いつも並を選ばずに、上と下の両極端を体感してみることです。

前出とは別のセミナー参加の男性は、私の話を聞いていつも乗っている新幹線の普通車の指定席をグリーン車に変えてみたそうです。すると、「指定席で十分だと思っていたけれど、全然違う。やはり乗ってみないとわからないものだ」と話してくれました。さらに「今後もずっとグリーン車に乗り続けられる人になりたいので、ますます仕事を頑張ろうと思いました」と、嬉しそうに話してくれたのが印象的でした。

本物に触れると、人はぐっと気分が上がります。

少しだけ背伸びして、上を見てみましょう。その景色があなたを引っ張ってくれるはずです。

03

お金を下ろす頻度が多い人ほど、お金に縁がないままで終わる

私がこれまで会ってきたお金持ちの、銀行からお金を引き出す回数は、月二回程度がほとんどでした。

銀行からお金を引きだす時は、計画的にまとめて引き出し、頻繁にＡＴＭへ駆け込むことはないそうです。

対して多くの人は、お金を下ろす頻度がとても多いように思います。

たとえば、こんな経験はありませんか？

何に使ったという意識もないのに、ハッと気がつくと財布は空になっており、「お金がない」とお金を下ろしに行く。または、週末に想定外のお金を使い、週明けにお金を下ろすパターン。

これに身に覚えがあれば、月に四、五回、あるいはもっと頻繁にお金を下ろしていたり、下ろす金額は、一万円、二万円と〝なんとなく〟決めたりしていませんか？

このパターンでは、不意のタイミングで下ろすことが多くなります。すると、時間外や他行から引き出すことが多くなり、無駄に手数料を払うことになってしまいます。

これは手数料を支払うこと以上に損をしていることにお気づきでしょうか。

なぜなら、お金を下ろすには、その度に時間と労力がかかっているからです。頻繁にお金を下ろすことで、その都度、貴重な「お金」「時間」「労力」を失うことになるのです。

また、財布にたくさんお金を入れておくと「使ってしまいそう」「万一落とした場合が怖い」と言う人がいます。

これは、〝お金を管理する能力と意識〟の問題です。

財布にたくさんお金を入れていたとしても、管理できる能力を身につけなければお金持ちにはなれません。

お金を使ってしまうのが心配な人は、お金を少しずつ下ろすことでセーブするのではなく、今後のためにも管理能力を高めることが先決です。

そのためには、やはり少ない回数でまとまった金額を下ろして、お金を管理する練習をしましょう。

そして〝財布を落とす〟ということは、財布を気にかけていない証拠です。

お金持ちが財布を落としたという話は聞きません。それは、いつも財布とお金を気にかけているからです。

不思議なことに、財布を落とす人は一度だけでなく、二度三度と繰り返す傾向にあるようです。

もしもあなたが財布を落としたことがある、もしくは財布を落としそうで怖いと思うのであれば、大切な財布とお金にもう少し注意を払ってあげることで、このような事態をまぬがれるでしょう。

まずはお金持ちを見習い、無計画にお金を下ろすのをやめて、大切なお金をしっかり管理し、財布とお金に意識を向けることからはじめてみましょう。

04

コンビニでお金を下ろす人は、お金が出ていきやすい

最近は、コンビニエンスストアに必ずと言っていいほどＡＴＭがあり、昼夜、休日を問わず、何時でもどこでも、お金が下ろせるようになりました。

お金持ちに「お金をどこで下ろしますか？」と質問すると、ほとんどの人が「銀行のＡＴＭ」と答えます。

だいたい同じ場所で下ろすと決めており、手数料がかかる時間外や他行の提携ＡＴＭも使わないのです。

一方で、コンビニでお金を下ろす人には（私の勝手な思い込みかもしれませんが）、お金持ち以外の人が多いように思います。

もちろん見た目からの印象だけでは、本当にそうとは言い切れません。でも、私が質問したお金持ちの中には、一人もコンビニでお金を下ろすと答えた人はいませんでした。

また、お金に困っているクライアントに、「お金をどこで下ろしますか？」と質問すると、決まって〝コンビニ〟という回答が返ってきます。

しかし、お金を下ろすためコンビニに立ち寄ると〝ついで買い〟の誘惑もあり、浪費を重ねてしまいがちです。

そもそも、銀行とコンビニは本来の用途や目的が全く違います。

銀行はお金を専門に扱い、管理するための場所。コンビニはその名の通り、利便性を重視した何でも屋さん。お金のパワーが強いのは、圧倒的に銀行です。

また、不特定多数の人がさまざまな目的で出入りするコンビニのＡＴＭは、人目につきやすい場所で、大切な暗証番号が盗み見られてしまう危険度も高いと言えます。

簡単にお金を下ろせるコンビニは確かに便利です。ですが、お金がたくさん置いてある銀行へ足繁く通うことで、お金とのご縁ができるのです。

ぜひ、お金を下ろす時は、お金持ちを真似して銀行で下ろしましょう。

05 ズボンのポケットに財布をしまう人に、お金持ちはいない

ズボンの後ろポケットに財布を入れている男性を時々見かけます。

でも実は、これはＮＧ行為です。

なぜなら、財布をお尻で踏みつぶすのは、財布やお金どちらにも失礼にあたり、お金に嫌われるからです。

残念ですが、これではどんなにお金が欲しいと思っていても、叶いません。

財布をポケットに入れるのは、バッグを持たず手ぶらでいたいという理由から

が多いようです。

つまり「自分が楽をしたい」ということ。

これは自分の利便性を重視した、自分優先の考え方で、財布の身になっていません。

しかも、財布は全部ポケットに収まりきらず、むき出しになっている部分もあるため、落としたり、スリに遭ったりしても仕方ありません。

考えてみてください。もし、あなたがお金の立場で、不用心に後ろポケットに入れられ、座る度にお尻で踏みつぶされたら……。

そんな場所に、あなたは長く留まりたいと思いますか？　一刻も早く出ていきたいと思うのではないでしょうか。


一方、お金持ちは、財布をきちんとバッグに入れて持ち歩きます。

あるいは、大切に内ポケットにしまっている方も多く見かけます。

お札とカードだけの整理された、薄い財布だから収まるのです。

財布をバッグへ入れること、内ポケットにしまうことは、どちらも自分ではなく、お金の居心地を考え、優先した結果です。

人間の世界でも、人を大事にする人が人からも大切にされます。つまりお金に好かれたければ、お金に好かれるように心がけることが大切なのです。

財布は、バッグか内ポケットに入れて大切に持ち歩きましょう。

06

稼げない人は見えないものをバカにし、お金持ちは見えないものを大切にする

お金持ちは信心深いという話を聞いたことはありますか?

ほとんどのお金持ちは家に神棚をまつり、朝夕手を合わせています。仏壇の前に毎日正座してご先祖様に話しかけ、お墓参りに足しげく通うこともお金持ちの共通点です。習慣とも言えるでしょう。

私たちは誰しも、一人でこの世に生まれてきたわけではありません。

ご先祖様から脈々と続く生命のリレーと、両親があってこそ、この世に存在で

きるのです。

そして、億を動かすほどの大金持ちは特に自分のルーツを大切にし、両親とご先祖様を敬い、手厚く感謝することを忘れません。

お金はとても強いエネルギー物です。

そんな強いエネルギー物のお金をたくさん得るためには、それを得るだけのエネルギーが必要です。一人だけの力で稼げるお金は、たかが知れています。

普通は、より多くお金を稼ごうと思ったら知恵を振り絞り、寝る間を惜しんで働く時間を増やしたり、人の協力や人脈を使ったりするなど、それ相応の努力をしなくてはなりません。

しかし、それにも限界があります。そうなると稼げる額も天井が見えてくるのです。

ところが、単なるお金持ちではなく、「億のお金を動かす大金持ち」は、時間や人だけでなく、〝目に見えない存在〟までも味方につけているものです。

その目に見えない存在とは、前に述べたご先祖様や神様の力です。

迷信と笑う人がいるかもしれませんが、これまで多くのお金持ちと会って話を聞いて実感したことです。

目に見えない存在を味方につけると、稼げるお金も天井知らずです。

わかりやすくたとえるなら、自力でお金を稼ぐ人は目的地まで徒歩で向かい、そこそこのお金持ちは新幹線で、大金持ちはジェット機に乗って一気に飛んでいく、そんなイメージです。そして、このジェット機のような大きなエネルギーを授け、応援してくれる存在がご先祖様や神様です。

もしも、あなたが今何かに行き詰まっていたり、壁にぶつかっているのであれば、大金持ちを真似して、あらためてご先祖様に感謝し、お墓参りに出かけてみませんか。

あなたの苦労や困難を解消するよう力を貸してくれ、あなたがジェット機に乗れるよう、更に応援してくれるのではないでしょうか。

07

貧乏は病

お金の悩みでも、お金以外の悩みでも、悩みがある状態は病気にかかっているのと同じです。ですから治療すれば、必ず改善します。

つまり、貧乏で悩んでいる人は、お金がない病気にかかっているだけ。治療すれば治るものなのです。

お金がなくて困っているという人は、ただ単に、入ってくる以上のお金を使ってしまったことで、現在の状態を招いているだけのこと。

何事にも原因と結果があります。厳しいことを言うようですが、（身内の借金を背負ってしまったなどの場合は例外として）自分の甘さや無計画の結果なのです。

白状しますと、二十代の頃の私はその代表でした。お金はあればあっただけ使ってしまい、給料日前に困ることも度々ありました。姉に借りたことも、一度や二度ではありません。でもこんな私も、今は病を克服し、しっかりお金を貯められるようになれたのです。

ですから、過去の私と同じ方がいたとしても、**お金の使い方を見直せば貧乏は、確実に治ります。**

私は、財布同行ショッピングという、クライアントの方と一緒に、お金の入りを良くする財布を選ぶ仕事も行っています。財布を選ばせていただいた八割以上のクライアントの方から、お金回りがよくなったと嬉しいご報告がきます。

しかし、ある四十代のサラリーマンの方から、同行ショッピングを行った数カ月後に、「お金がどんどん出て行くがどうすればいいか」と連絡がきました。その方は、同行ショッピングで、身の丈よりもかなり高額の財布を購入したのです。そのために無理が生じたのでしょう。

家や、車など大きな金額のものを買う時にはローンを組むことがあります。ローンを組むこと自体は悪くありません。返済計画をきちんと立てて、計画的に返済していけば何の問題もないのです。

問題なのは、無計画な出費を重ねることです。先々までの収支を見通し、自分はいくらまで払えるのか、現実的にしっかり考えていくことが必要です。

身の丈よりも、高額なものを購入することそのものは、必ずしも悪いことではありません。志高く、その物に見合う自分を目指すため、発奮する材料として購入するのであれば、むしろ望ましい未来を招きます。

しかし、見栄からくる身の丈とは大きくかけ離れた買い物の場合、破綻を招く可能性があります。

バランスも大切です。高級外車に乗りたいために、毎日カップラーメンばかりを食べているという人は、あきらかにバランスが悪いのです。

そしてお金がない人は、「買いたいものも買えない」と言いながら、頻繁に買い物をしています。実は、お金がないと言っている人のほうが、お金を持っている人よりも実際に買い物をする頻度が多いのです。

お金持ちは、よく考えてお金を使うので買い物の頻度はそれほど多くありません。

欲や衝動に左右されず、計画的に収支を管理すること。

マイナスがある時は、これ以上赤字を増やさず減らす努力をすることが、お金がない病が治る近道です。

08

ポイントカードで得した気分になっている

「今ポイントカードを作ると、今日から◯％割引になります」

「今日はポイント二倍デーです。ポイントカードを作りませんか？」

お店のレジで、ポイントカードへの入会を勧められることはよくありますよね。

「お得だから」「年会費無料だから」そんな理由で、とりあえず入っておこうと考える人は多いものです。

でも、この「とりあえず」が危険なのです。

財布の中がポイントカードでいっぱい、という人にも数多く会ってきました。何十枚もポイントカードを持っている人は本当にすべてのポイントカードを有効に使えているのでしょうか。

どれほどのお得が手にできたでしょうか。

実は、**ポイントカードで一番得をしているのはポイントカードを発行している企業です。**

企業側は、お客様に来て欲しくて、お買い物をして欲しくてポイントカードを発行しています。「ポイント還元率」や「ポイント二倍デー」、あるいは「◯日までにポイントを使用しないと失効します」といったお知らせに私たちは振り回されて、知らず知らずのうちにお店の売り上げアップに貢献させられているに過ぎません。

ある時、三十代でサラリーマンから億万長者になり、現在はシンガポール在住のお金持ちの財布を見せてもらう機会に恵まれました。

財布に入っているのはお札と銀行カードとクレジットカードだけ。ポイントカードはありません。

理由を聞いてみると「ポイントからどれだけのフィードバックがあるかを計算すると、敢えて時間と労力を費やすほどのメリットはないから」と言っていました。

お金持ちだからポイントを貯めないのではなく、一般の会社員だった頃からポイントカードは持たない主義を貫いているそうです。

ポイントカードを作ってしまったら、管理するために労力を使わなくてはなりません。

年に一回しか行かないお店のポイントに煩わされて、貴重な自分の脳を使うのはもったいない。もっと有効にその能力を活用しなくてならない優先事項がたくさんある。そう考えて作らないと決めているのです。

何か一つを持つと、それを使ったり、管理するために行動も思考も複雑になり、負荷がかかります。お金持ちは思考も行動もすっきり、動線もシンプルです。幸せになりたければ、持ち物は少なくが鉄則です。

ポイントカードは本当に使う物だけ厳選して持ち、財布には入れず、とりあえずの入会は断りましょう。

09

お金の話をするのに抵抗を感じる人は稼げるようにならない

日本人独特の清貧思想から、お金の話を好まない人がいるのは事実です。

私も子供の頃、両親から、お金をたくさん持っているとろくなことが起こらないなど、お金に対するマイナスの話をされたことがありました。私と同じ経験をされている方は少なくないのではないでしょうか。

その結果、お金への良くないイメージが潜在意識にある人は多いのではないかと思います。

しかし、お金は便利なものだということを忘れないで欲しいのです。

もしも、お金がなかったら、物々交換の時代に逆戻りです。あれほど小さくて軽いお金があるから、物と等価交換できるわけです。

お金は私たちの生活になくてはならない、とてもありがたいものです。

お金に悪いイメージがついた原因は、他にも二つ考えられます。

まず一つ目は、一部にお金を悪用する（した）人がいて、お金そのものが悪いというイメージが出来上がってしまったからです。

お金は悪くありません。この点を勘違いしないで欲しいのです。

二つ目は、お金持ちに対する、「ねたみ」です。

お金持ちはお金がたくさんあるため、大きな家に住んで、立派な車に乗っています。

また、美味しいものを食べたり、旅行へ行ったりなど、優雅な生活ぶりを見て、

「いいな、羨ましいな」という想いがねたみに変わり、お金持ちに対する悪いイメージへと結びついたのでしょう。

お金持ちは、全員がそうとは言いませんが、多くの人が遊んでいる間に血を吐くような苦労をしてお金持ちになっています。

簡単にお金持ちになったわけではなく努力の賜物でお金を掴み、今はようやく余裕のある生活をしているだけかもしれません。それなのに、そこは見ずに羨ましいねたましいで、お金に悪いイメージを持つ人がいるのです。

でも、それではいつまでたっても、お金に好かれることはないでしょう。

お金やお金持ちに対する負のイメージを捨て、お金が好きと素直に認めることが、お金に好かれる第一歩です。

あえて「お金大好き」という必要もありませんが、もしもお金に対する負の感情を持ったままでいたら、それがあなたのお金のブロックとなり、お金はやってこないでしょう。人間と同じで、お金も嫌いな人には寄りつきません。好きだと思っていたら向こうからやってきてくれるものです。お金の話をするのに抵抗を感じる人はお金に対していい感情を持っていないことの証です。

お金持ちはお金が大好きです。素直にお金に感謝し、お金大好きと公言し、常にお金のブロックが解かれている状態ですから、お金にとっての居心地はとてもいいはずです。お金は、こういう場所に集まってくるのです。お金持ちは、お金が入ってきた時も、使う時も「ありがとう」を忘れません。

誰だって、感謝されたら嬉しい。私たちも、**お金に対し敬意を払い、感謝することを忘れないでいたいものです。**

10 払うべき時に払わない人は信頼もお金も失う

自動販売機やコンビニを利用する時、小さな金額のお金を同僚や友人に一時的に立て替えてもらった経験は誰にでもあるでしょう。あなたは、そこで貸してもらったお金をきちんと返していますか？

たとえば、缶コーヒー代の百五十円は小さな金額です。

数十円でも数百円でも、借りたお金をきちんと返すことがその人とお金に対する礼儀です。金額の大小に関わらず、借りたお金を返さない人は金額以上のお金も信頼も失ってしまいます。してあげたことも、しなかったことも倍以上になって自分に返ってくるのが世の中の法則。一度失った信頼を回復することは簡単ではありません。

飲み会の席で、会費を払う段階になるとパッと消えて、その人はうまくやったと思っているかもしれませんが、結局は信頼を失って損をしています。

結婚式やお葬式など、慶弔の場面でも同じです。

お世話になっているのに、ご祝儀が惜しいから結婚式に出ない、香典を渋るというのは、まさに払うべき時に払わない人です。当日出席できなくても郵送という方法もあります。

お金を借りた時だけでなく、貸した場合にもきちんと返してもらうことが大切です。小さな金額だから、まぁいいかと思ってしまうことはお金を軽んじていることになります。

私は、小さな金額でもちゃんと「返してね」と伝えます。逆にお金を借りた場合は、お礼の言葉を添えてお返しします。確かに百円、二百円でセコイと思われるのは嫌ですから、言いにくいことは理解できます。けれど、おごったのではなく貸したお金ならば、うやむやにしないで、「返して」と言うべきです。それがお金を大切にしていることにつながります。

ここで、きちんと「貸したお金を返してね」と言えると、お金のブロック解除につながります。

面白いことに、お金のブロックがある人に限って、こういうことが起こります。きっと神様にテストされているのだと思います。

「昨日のコーヒー代、返してください」

あなたは言えますか？

Chapter 2

収入を倍増させる お金持ちの「財布の習慣」

01

なぜ、お金持ちは財布にルールがあるのか？

今まで私が見てきたお金持ちの財布には共通点がありました。**形は長方形のいわゆる長財布。色は黒、小銭は別です。これがほとんどのお金持ちに当てはまる財布のルールなのです。**

財布の中は余計なものが入っておらず、薄くてすっきりしておりキレイな状態です。お金をあたかも人のように丁寧に扱い、お金の住まいとして快適な空間をキープしています。

Chapter1でも触れましたが、お金はゆっくりとくつろげる居心地のいい所を好みます。お金持ちがお札を折り曲げずに入れられる長財布を愛用しているのは納得です。


色は、最も多いのが黒、次が茶です。よく、黄色の財布が金運を呼ぶと言われ、お金と相性がいい色とされていますが、一方でお金をつい使ってしまう色でもあるのです。私は黄色の財布を持ったお金持ちに会ったことがありません。

また、一流のビジネスマンが持つ財布の色としては、どことなく浮ついた感じを与えてしまい、相応しくありません。


他にも注意してほしい色があります。それは、赤と青です。

赤は金運を燃やす色であり、青はお金を右から左へ流してしまうと考えられるため、赤い色の財布、青い色の財布を、私はおすすめしていません。

とは言え、ごく稀にルールに当てはまらないお金持ちもいました。

以前会った社長さんは、男性には珍しく真っ赤なシャネルの長財布を持っていました。

前述の通り、赤は持って欲しくない色ですが、強烈なエネルギーの持ち主だったその社長さんは、パワーに満ち溢れていました。

これほど強いパワーの人であれば、たとえ何色の財布を持とうと関係ないでしょう。

でも、これは特殊なケースです。一般の人にはおすすめできません。

まずは、「お金持ちになりたければ、お金持ちを真似るといい」とよく言われている通り、お金持ちの王道の財布の習慣を取り入れてみてください。

02 財布は土砂降りの日に買う

ある時、知り合いのお金持ちから面白い話を聞きました。それは、財布や貴金属を買う時は、土砂降りの雨の日に買うようにしている、という話です。

実際、**雨の日に財布や貴金属を買うと決めているお金持ちは多い**そうなのです。話をしてくれたお金持ちは、なぜそうなのか、その理由は話してくれませんでしたが、私が考える理由は二つあります。

一つは、風水を元にした理由です。

風水には「五行《ごぎょう》」という考え方があります。五行は、世の中のすべてのものは「木・火・土・金・水」の五つの気に属しているという考え方です。

その中で、お金（貴金属含む）は「金」の気で、「水」とは相性がいいとされています。ですから、お金と水（雨）が一緒になると増えると考えるのです。

観光名所として知られる鎌倉市の銭洗弁財天《ぜにあらいべんざいてん》でも、お金を境内の湧き水で洗うとお金が増えると信仰されています。

次に、雨の日だとお店への客足が遠のくからです。

雨の日は、できれば外出したくないのが正直な気持ちではないでしょうか。

つまり、そんな日に買い物に出かけると、ゆっくりと商品を見ることができますし、いつもより質のいいサービスが期待できることになるのです。雨の日には特別なサービスを用意しているお店もありますよね。

反対に、夏の強い日差しや正午の時間帯は、金運を燃やす季節であり時間帯ですから、財布や貴金属を買うには、おすすめできません。

お金持ちが意識してタイミングにこだわっているのかはわかりませんが、もしも、あなたがお金持ちにあやかりたいなら、次に財布を購入するのは、雨の日をねらってみてはいかがでしょう。

03

お札の向きはお金の流れを左右する

これは、ある億万長者から聞いた話です。

「僕はお札の向きを必ず揃えるようにしているんだよ。これでお金の流れをコントロールしているんだ」と言っていました。

その方いわく、**お札の肖像の頭を上にして財布に入れておくと、お札は出て行き、反対に頭を下の状態で入れておくと出て行かずにお金が貯まるのだそうです。**

では、いつもお札を下向きの状態にしておくのが正解かというと、そうではありません。上向きも下向きもどちらも〝アリ〟です。

お札を入れる向き

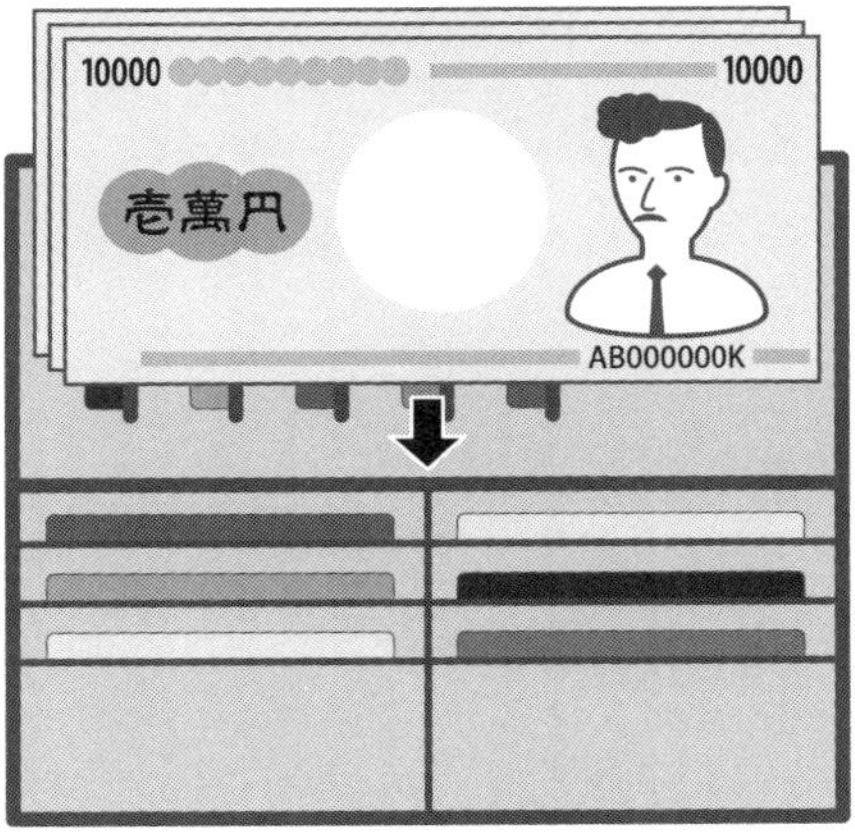

上向き

お金を社会に
循環させる

下向き

お金が貯まる

お金を社会に還元することは大切ですから、社会に役立つように時には使うことも必要です。その時はお札の肖像を上向きに入れておく。逆に、貯めたい時は出て行かないように下向きに入れておく。

このようにその時々の状況に応じて、お札の入れ方を変えて、お金の流れを操作しているのです。

また、お札は正面を向けて、千円札を一番手前、五千円札を中央真ん中、一番後ろに一万円札を入れる。これもまた、億万長者が実践している財布の習慣です。

人はお金を支払う時に、取り出しやすい手前から順に取り出します。

その時に一番手前に一万円札があると、急いでいる時はパッと手前の一万円札を出してしまいがちです。

一旦、一万円札を崩してしまうと、「まあ、いいか」という気分になり、崩した千円札をあっという間に使ってしまいます。そんな経験は、あなたにもありませんか?

無駄遣いを防ぐには、なるべく一万円札をキープするのがコツです。

子分の千円札は一番手前に陣取り、親分の一万円札が出て行くのを防いでいるのです。

理想的には、財布の仕切られたスペースポケット一つごとに一種類のお札を入れてほしいところ。とは言っても、仕切りが足りない場合もあります。そんな時でも一万円札を最も奥に入れましょう。

一万円札にはＶＩＰにふさわしいスペースを提供してあげるのです。

ただし、これまでお伝えしてきたお札の向き、そしてお札を入れる位置どちらの話も、何の根拠もない話です。

お札の向きを上にしようと下にしようと、どちらにしても入ってくると言う人もあれば出て行くと言う人もいるかもしれません。

また、お札を入れる位置についても同様です。

これはごもっともな意見です。

ですが他にも同じことを言うお金持ちは多く、何よりお金持ちは何事も理屈を考え過ぎずに、あれこれ楽しみながら試していました。

お金は楽しいところにやってくるのです。

04 お札と小銭は別に持つ

私がお会いしてきたお金持ちの九割以上の方が、財布とは別に小銭入れを持っていました。

財布の中にお札と小銭を一緒に入れている方はほとんどいません。これもお金持ちの財布の習慣と言えるでしょう。

お札と小銭を別にする理由を聞くと、ある方は「なんだか嫌だから別にしている」と答えてくれました。

明確な理由はないようですが、ほとんどのお金持ちは長財布にお札を入れて、小銭入れを別に持ち管理していました。

風水的に見ても、お札と小銭を一つの財布に一緒に入れておくと、両者が嫌がり、どんどん出ていってしまうと考えられています。


小銭を長財布に入れているお金持ちは、今までに一人しか出会ったことがありません。

その例外のお金持ちは日頃から小銭を優先的に使い、帰宅すると財布に入った小銭をすべて小銭専用ボックスに入れてしまうのだそうです。

そして翌日は、財布の中に小銭が全くない状態で財布を持って出るそうでした。

つまり、毎日小銭を取り出し、財布の整理ができているので、悪い影響が少ないのでしょう。


また、小銭入れは持たないけれど、小銭はお札と同じ財布に入れないというお金持ちもいました。

小銭はズボンのポケットへ入れているのだそうです。これはお札と小銭を別にしている点では悪くありませんが、ズボンが痛むので可哀想です。

やはり、基本は小銭入れに入れるのがおすすめです。

もしあなたが小銭入れを持っていないのなら、ぜひ購入してほしいと思います。財布と小銭入れを別々に持つのは、面倒なように思う方もいるかもしれませんが、すぐに慣れてしまいます。

何よりお金が出て行かなくなります。

お札と小銭を別に持つお金持ちの習慣は、両方が嫌い合う性質を知っているからとは限りません。

しかし、お金持ちは「なんとなく嫌だから」とお金の気持ちを敏感に感じ取っているのではないでしょうか。
常にお金に意識を払っているからできるのでしょう。

05

領収書を財布に入れる人は領収書以上の金額を失う

領収書はお金を支払った、つまり財布からお金が出て行った証となるものです。**領収書やレシートを財布に入れていると、類は友を呼び（類友《るいとも》の法則）、お金は財布から更に出ていってしまいます。**

私は、お金持ちの財布に領収書が入っているのを、ほとんど見たことはありません。一方、日頃からお金がないと言っている人に限って、かなりの確率で領収書が入っているのです。

領収書を取っておくのは、支払った証によって税金が免除されたり、会社の経費精算などでお金が戻ってきたりするためのものです。言わば、お金を取り戻すために、取っておいているのですよね。

ところが、お金を取り戻すための領収書によって、更に多くのお金を失う〝流れ〟を作っているのです。

これでは本末転倒です。

領収書の他にも、予備の名刺や複数の神社のお守り、PASMOなどの交通系カードやポイントカードに免許証。財布には入れるべきでないものが入っている人をよく見かけます。

免許証や保険証などの身分証明書は、必ずしもNGではありませんが、他のものは入れてはいけません。

財布はお金の住まいですから、本来の目的に合わないものは入れるべきではないのです。

どうしても持ち歩きたい場合は、カードケースなど他の入れ物に入れて持ち歩きましょう。


お金がもっと欲しいと思っている人は多いと思います。

何かを手に入れるためには、それが入るスペースが必要です。必要なものは、スペースを用意した分だけ入ってきます。

これは財布においても同じ。領収書や、目的に合わないものでいっぱいの財布には、お金の入ってくるスペースは、もう残されていません。

財布に入れていいものは、お札、銀行のキャッシュカード、クレジットカードの三種が基本です。覚えておいてください。

06

財布に入れておくべき最低金額

財布には、少なくとも財布の価格と同額くらいのお金を入れることをすすめています。

たとえば、三万円の財布であれば三万円、五万円の財布であれば五万円は入れておいてください。

なぜかと言うと、財布の値段に比べてあまりに中身が少なすぎると、人間と一緒で外見ばかりで中身のない薄っぺらな人に見られてしまいます。

財布に入れている額は他人にはわからないと思っていても、何となく伝わるもの。

ですから、**財布の金額と同等のお金を入れることは、あなた自身の評価を下げないためにも大切です。**

財布に入れている金額＝自分のステータスととらえ、「ゆくゆくは、これ位の金額を、日常的に財布に入れられるような人になりたい」と思える額を目指して入れましょう。

今は頑張って、ようやく入れているかもしれませんが、そのうち本当にその金額を日常的に使えるようになります。

何事も「先取り」です。

また一万円札を入れておかないと、万単位のお金がやってこない財布になります。仲間のいない財布に一万円はやってきません。

私の講座を受講された生徒さんの中に、一万円札だと使い勝手が悪いので、千円札に崩して十枚から二十枚入れているという方がいました。

確かに、一万円札一枚と千円札十枚は、金額としては同じです。

しかし、一万円札と千円札のエネルギーは全く違います。一万円札には一万円札の強いパワーがあります。千円札は千円札相応のパワー止まりです。

また、崩すと使ってしまうので、崩さないほうが無駄遣い防止にもつながります。

生徒さんには、「一万円札を必ず入れてください」とお伝えしています。

そうは言っても給料日前など、財布と同額の現金を入れておくのは厳しい時もあるでしょう。そんな時は、**一万円札一枚だけでもいいので入れておきましょう。**

類友の法則で、一万円札が友達の一万円を呼んでくれます。

使わずに財布に入れておくだけの「種銭《たねせん》」でもいいので、ぜひ一万円札を入れておいてください。

07
お金持ちは六枚か八枚のカードを財布に入れている

これまで多くのお金持ちの財布を拝見している中で、**特に億のお金を動かすクラスの方たちは、財布に「六枚」、または「八枚」のカードを入れている**方が多いことに気づきました。

この枚数は銀行のキャッシュカードとクレジットカードを合わせた数で、ポイントカードや身分証明書等は含まれません（先に述べましたが、そもそもお金持ちはポイントカード等をほとんど持っていません）。

「どうして六枚（あるいは八枚）なのですか？」と質問しても、ほとんどの方が「たまたま」と答え、無意識にこの枚数を入れているのです。

確かに、「六」と「八」は、縁起がいい数字と言われています。「六」は仕事運が上がる大吉数、「八」は金運が上がる大吉数なのです。

しかし、財布に六枚、あるいは八枚のカードを入れておいても、確実に仕事運や金運にいい影響を与えるとは言い切れません。また、お金持ちがこの意味を知っていたかもわかりません。

ですから単なる偶然かもしれません。ですが、このようにお金持ちには面白いくらい共通点が多いのです。

またある時は、財布鑑定を行ったお客様で、財布に一切カードを入れないという方がいました。その方は、「現金主義なのでクレジットカードは持たない」のだそうです。

銀行のキャッシュカードも財布に入れていないので、「お金を下ろす時はどうしているのですか?」と聞いたところ、銀行の「キャッシュカードはカードケースに入れて、財布とは別に持ち歩いています」と答えてくれました。

確かに、財布の中にカードがぎっしりという状態は良くありませんが、反対に**一枚もない、「ゼロ」の状態も良くありません。**

人間と同じで、財布の中にも「格」が必要です。

その「格」とは、お札の枚数でも作ることができますが、入れるカードで決まるのです。

ですから、お金だけでなくカードも入れて、ステータスを持たせてあげましょう。

特にクレジットカードは、その人の社会における「信用」を表します。

カードを持つには審査がありますから、自分だけで決められるものでもありません。日々の積み重ねで社会的信用を得て、その時々で身の丈よりも少し上のカードの取得を目指し、首尾よく手に入れることができたなら、ぜひ財布に入れておきましょう。

そうすることで、そのクレジットカードが自分と財布のステータスを上げる役割を果たし、結果的にお金がついてきます。

また、社会人としての信用を示すためにも、財布にはクレジットカードを一～二枚くらいは入れておきたいものです。

08

マネークリップを財布代わりに使わない

時々、マネークリップについて、どう思いますかと質問を受けることがあります。マネークリップは、日本にはまだそんなに広まっていないかもしれませんが、海外ではよく使われています。

チップ制度が根づいている海外では、カフェやホテルでいいサービスを受けた場合に、会計とは別にお金を渡すことがよくあります。

マネークリップは、このように、サッとお金を出す場面で役立つもの。スマートにお金を出すためのものです。

つまり、マネークリップは、「支払うお金に使う」ためのものであり、手元に入ってくるお金に使うものではないのです。

ライブドアの元社長堀江貴文さんは、財布を持たずマネークリップを使っているそうです。十個以上の財布をなくした経験からマネークリップを使うようになったのだとか。マネークリップは、ズボンのポケットに入るので落とすことがなく、小銭はすべて電子マネーで管理しているそうです。

堀江さんを見ていますと、興味を持つさまざまなビジネスへ気前よくお金を注ぎ込んでいます。

また、お金に執着がなく、人生を楽しんでやりたいことをやり、それでも、それを上回るお金を稼ぎ出す、高い能力がある方です。

堀江さんのような特別な方はいいとして、一般の人にはマネークリップを財布として使うことはおすすめできません。

日本でも、お金持ちがマネークリップを持っている場合もありますが、その場合は必ずマネークリップ以外に財布をきちんと持ち、財布でお金を管理しています。

お金は〝シャイな性格〟で、裸で外に出るのを好みません。

お金を入れる入れ物は、お札がむき出しになるマネークリップではなく、お札がしっかり隠れる財布を選びましょう。

09

財布に入れる縁起物は厳選したもの一つだけにする

成功しているお金持ちが、財布にお札とカード以外で入れているものはほとんどありませんが、入れているとしたら**商売繁盛や金運などのお守り**です。

ある億万長者も、山梨県の金運神社のお守りをいつも財布に入れていました。

財布に入れるお守りでおすすめなのは、やはり金運にかんする神社のものです。

神社にはそれぞれ専門分野があります。

金運を上げたいなら、金運や仕事運にまつわる神社を参拝しましょう。そして参拝した際には、金運か仕事運のお守りをいただいて、一つだけ財布に入れましょう。

注意したいのは、お金に関係のないお守りは入れないこと。

元々、財布はお金を入れる物なので、お金に関係のないものを入れるべきではありません。

健康運や家内安全や恋愛運や総合運など、なんでも財布に入れる人がいますが、これは良くありません。

財布に入れるお守りは、金運、もしくは結果として収入が上がる仕事運か出世運までと考えてください。

そして、お守りは一年経ったらお返しするのがルールです。

いただいてきた場所が遠くて行けない場合には、近くの神社で構いません。

古いお札やお守りを入れる納め所に持っていき、わずかなお賽銭を添えて「遠くてお返しに行けないので、こちらへ納めさせてください」と心の中で神様に唱え、お焚き上げしてもらうといいでしょう。

ただし、神社でいただいたものは神社へ、お寺でいただいたものはお寺へお返しするのは必ず守ってほしい決まりごとです。

せっかくいただいてきたお守りも、財布の中でごちゃごちゃになっていては、その力を発揮できません。

また神様のものを粗末に扱うと、逆に金運を落としかねません。

お守りは、財布の一つの仕切りの中に入れて個室を与え、カードやお札と触れないように大切に保管してください。

10 財布の汚れはこまめにケアする

あなたは定期的に財布の手入れをしていますか？

財布には、持ち主の本質が現れていると言っても過言ではありません。

ワイシャツやスーツは汚れたら、当然クリーニングに出しますね。

しかし、バッグや財布、靴への手入れが行き届いていない人は、案外多いのです。

成功している一流の人たちは、細部にまで気を配り、衣類はもちろん、財布など小物までケアを怠りません。

人から見られていると意識し、いつも自分の身の回りを整えられるのは、余裕の表れです。お金は余裕があるところにやってきます。

お金持ちにはお金に好かれる理由があるのです。

ある時、真っ白な財布を持つ、三十代の男性に会いました。

白い財布は汚れが目立つため、避ける人が多いのですが、その方は、白の財布なら汚れが目立つので却って大事にするだろうと、あえて白の財布を選んだそうです。

その言葉通り、その方は毎月必ず皮小物のクリーニング店へ持ち込み磨いてもらっていました。そうすることでキレイな状態をキープしているのです。

それを聞いて、汚れが目立ちにくい色の財布を選んでケアを怠る人よりも、余程お金に好かれるだろうと思ったものです。

そして、その予想通り、その方はたった数年で収入が倍増したそうです。

あなたにおすすめしたいのは、月に一度の財布のクリアリングです。

まずは、財布の中に入っている現金やカードなどを一旦すべて外に出し、財布の中を空にします。

そして、柔らかく乾いた布で優しく財布を拭きます。

ただし、皮はデリケートで、特に水は天敵です。必ず乾拭きするようにしてください。普段の生活でも水に濡れないよう気をつけましょう。

皮の種類によって最適なお手入れ法がありますから、購入したお店に聞くなど、正しいケアが大切です。

革製品のケアをしてくれる専門店に出すのもいいでしょう。

キレイな状態に戻ったら、中身を再確認。「財布に入れるべきもの」だけを戻して使いはじめます。内側も外側もスッキリと整えられた財布は、お金にとってとても居心地のいい住まいになります。

私は、帰宅するとバッグから財布を取り出して、外側と内側の状態をチェックします。気をつけていても、カードを急いで戻して斜めになっていたりすることがありますから、こうした乱れを直し、さっと拭いて小銭入れと一緒に金庫に戻して休ませます。

財布も、人間と同じで疲れています。一日の終わりには、財布にねぎらいの気持ちも込めながら、「今日も一日ありがとう」と声をかけてあげましょう。

時間もそれほどかかりません。

「財布の汚れ＝心の汚れ」を胸において財布を大切にすると、不思議なことに後からお金がついてきます。

財布チェックを毎日の習慣にしてください。

11 お金の流れは「末尾9の一万円札」で読む

ある時よく知る億万長者の方に、自宅の金庫の中を見せてもらったことがあります。

金庫の中には、お札がぎっしり入っていたのですが、お札の束とは別に、なぜか大事そうに保管されている一万円札があったのです。

一万円札には六桁のアラビア数字とアルファベットの「記番号」が印字されています。大切に保管されていた一万円札は、数字の末尾が「9」になっているものでした。

末尾9の一万円札を、なぜ大切にしているのでしょうか？
その理由は、「9は最上級の数字で一番パワーが強いから」なのだそうです。

さらに末尾9の数字の後ろのアルファベットが、XかYかZのもの（末尾9X、9Y、9Zの一万円札）で、この中でも最も強いお札は、最上級の数字と最上級のアルファベットの組み合わせの「9Z」のお札。

これらが回ってきたら、お金持ちは、使わずに取っておくのだそうです。
また、他のお金持ちには、お金を呼び込む「種銭」として、末尾9X、9Y、9Zの一万円札を財布に入れている人もいました。

私はそれから末尾9X、9Y、9Zの一万円札を意識するようになったのですが、お財布インタビューでお金持ちに財布の中を見せてもらうと、面白いことに、末尾9の一万円札や、時に9X、9Y、9Zの一万円札が入っているのを度々見かけました。

お金の流れが変わる予兆

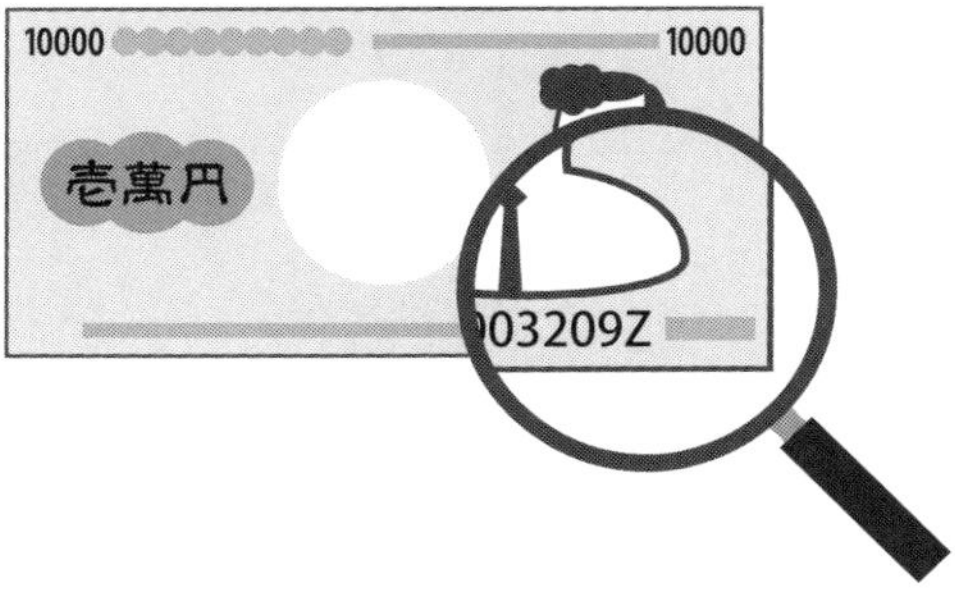

記番号の末尾「９」の１万円札が入ってくると「お金が入る予兆」

それに対し、お金に困っている人の財布には９Ｘ、９Ｙ、９Ｚはおろか、末尾９の一万円札が入っていることが、ほとんどありません。

こうして見ると、まるでお金には心があり、自分の行く先を選んでいるかのようです。

他にも、お金持ちの数字にまつわる話があります。

一般的に日本人が嫌う「９」と「４」を好むお金持ちは少なくありません。

ある社長さんは高級宝飾品ブランドで「9」をかたどったペンダントを特注し身につけていましたし、車のナンバーを「9」と「4」のゾロ目にしている方もいました。

本当に多くのお金持ちが「9」を意識していることから、私も「9」を特別な数字としてとらえるようになりました。

また、お金持ちの財布でよく見かけ、そうでない人の財布ではあまり見かけないことから、「末尾9」のお札が回ってくると、金運が上昇する予兆と考えていいのではないでしょうか？　あなたのお財布には入っていませんか？　回ってこないなら、お金持ちや金運のある人と交換するのも一つの方法です。

「ギザ十」を金運アップのサインと見るお金持ちもいます。

「ギザ十」とは昭和二六〜三三年に発行された、側面にギザギザが入った十円玉（昭和三一年だけは発行されていません）です。

出回っている枚数が非常に少なく、縁起物としてコレクションされるため、出会えるチャンスはさらに希少です。

昔、勤めていた会社の役員の方は「ギザ十は金運到来のお知らせだよ」と教えてくれました。

統計によれば、一人の人がギザ十を手にする機会は年に二～三回だけだそうです。自分のところに回ってきたら、見逃さずにとっておきたいですね。

しかし、金運上昇のサインが出たからと言っても、全く努力をしなければ何も起こり得ません。仕事に全力を注ぎ、すべきことをしているからこそ、運は味方するのだと思います。

12

自分よりも多く稼ぐ人に財布を譲ってもらう

お金持ちや成功している人など、金運のある人に財布を譲ってもらったり、買ってもらうことで、その人の金運をおすそ分けしてもらえます。

明治天皇の玄孫《やしゃご》の竹田恒泰《たけだつねやす》さんは、何年も先まで財布の行き先が決まっていると何かで読んだことがあります。

竹田さんの金運にあやかるため、「財布が欲しい」という人が順番待ちをしているそう。そこで竹田さんは、毎年ある国内ブランドの財布を新調し、一年だけ使って人に譲っているのだそうです。

このように人を喜ばせる行為も、お金に好かれる行為です。

また、成功している会社のある社長さんは、可愛がっている部下に、自分が少し使った財布を譲るそうです。すると、その部下がどんどん出世するという話も聞きます。

ただし、人が使った財布をもらう場合、注意していただきたいことがあります。それは、買ってから三年以内の財布であること。財布の寿命は三年ですから、それを過ぎた古いものは、たとえお金持ちからのいただき物でも、あまりおすすめできません。

私はありがたいことに、これまで何度かお金持ちの方に財布を買っていただいたことがあります。

自分で買うよりお金持ちの方に買ってもらうほうが、金運をおすそ分けしてもらえるので、その申し出に甘えさせていただくことにしました。

その後、私は本を出版したり、雑誌の取材を受けたり、六本木ヒルズのセミナーの人気講座ランキングで連続して一位になったりと、いいことが続きました。収入もOL時代からは考えられないほどいただけるようになり、これも財布を買ってくださったお金持ちのお陰だと、今でも感謝しています。

反対に、**お金回りのよくない人から財布を買ってもらうのは、避けた方が無難です。**

どんなに高価な財布が手に入っても、良くない金運も一緒についてきてしまいます。何かいただくなら、食べ物や消耗品など、「消え物」にとどめておきましょう。

13 財布をバッグに入れっぱなしにしない

家に帰ったら、財布はどこに置いていますか。

よく聞くのは、バッグの中に置きっ放しの状態です。

それは今すぐやめてください。

バッグは外で持ち歩くものですから、バッグに財布を入れっぱなしにしていると、お金が落ち着かず、出て行ってしまいます。

お金持ちに同じ質問をするとほとんどの方が、帰宅するとバッグから財布を取り出して定位置にしまっています。

財布の定位置は金庫の場合が多いのですが、引き出しに入れている方もいました。どちらにしても、バッグに入れっぱなしというお金持ちはいないのです。

お金は暗くて静かな場所で増える性質があると言われます。

金庫がない場合でもお金が落ちつける場所があれば、夜はそこを定位置にして休ませてあげましょう。

財布を休ませる場所として最もふさわしいのは金庫です。

ビジネスをしている人や既にお金持ちの人は、ほぼ金庫を持っています。そして、その人たちの多くは、成功する前から金庫を購入していたと教えてくれました。

それを聞いて、独立し財布カウンセリングをはじめたばかりだった当時の私は、すぐに金庫を購入しました。

中に入れるお金は、それほどあるわけではありませんでした。逆に足りないくらいだったのですが、金庫を購入してすぐにテレビ出演や取材依頼が入り、立て続けに仕事が舞い込んだのです。

こんな風にいいことがあったのは、先に充分なお金が入るだけの金庫というスペースを用意していたからかもしれません。

今ここに入れる物がなくても、先に入る場所を用意すると、そこに入るべきものがやってくるのです。

お金のセミナーで、私は「金庫を買いましょう」と、この話をしました。それを聞いて、二人の参加者の男性がその場ですぐに金庫を購入したのです。

二人とも三十代の起業家でした。

一人は、わりと小さな金庫で数百万円入るもの。もう一人は数千万のお金が入る金庫を買ったそうです。

そして一年後、全く結果が違っていました。

小さな金庫の人に大きな変化はありませんでしたが、数千万が入る金庫を買った人は、仕事のスケールが拡大し、次第に年収が上がっていったのです。

大きなスペースを用意した人のところに、さまざまなビジネスチャンスや幸運がやってきたわけです。スペースの大小によってこれほど結果が違うのかと、私も驚きました。

一般の人は、お金を入れる場所は財布しか持っていない場合がほとんどでしょう。ですから、お金は財布に入る分だけしかやってこないのです。でも金庫があればもっとお金の入るスペースができるわけです。

もっと稼ぎたい、お金を貯めたいと思うなら、先にお金の居場所を用意しませんか？　そのスペースに応じてお金がやってきます。

14 「なんとなく財布を替えたい」は年収が上がる予兆

「財布を替えたいな」、となんとなく感じたら、それは**「これからあなたのところにお金がやってきます」という虫の知らせかもしれません。**

自覚はなくとも潜在意識下で予感し、新たなお金を迎える準備として、お金を入れる物である財布を買い替えたくなる。そんなことが実際にあるのです。

ここはぜひ、**直感を信じて、財布を買い替えてください。**これが財布の買い替え時の一つです。

私も「虫の知らせ」に従って財布を買い替えたことがあります。

ＯＬとして会社勤めをしていた頃のことです。まだ新しい財布を購入して七ヶ月しか経っていませんでしたが、ある日「この財布からもらえる金運はもうもらい尽くしたかな」と感じたことがキッカケです。

私は、その直感に従い、財布を買い替えたのです。

つぎに買ったのは、前のものより少し値の張る財布でした。

すると確かに金運はやってきました。翌年、コンサルタントとして独立を果たし、年収はＯＬ時代の約三倍に跳ね上がったのです。

もう一つ、財布の替え時があります。

それは使いはじめて三年経った時です。Chapter1でも少し触れましたが、財布の寿命は三年です。

それ以上使い続けると、現金収入に影響がでてきます。

お金はいろんな人の手から手へと循環しています。

あなたの元へやってくるお金の中には、手放したくないと思いながら手放された強い執着があるお金が混じっているかもしれません。

こうした負のエネルギーを帯びたお金や、本来お金がもっている強いエネルギーを出し入れしているうちに財布も疲れてきます。

だから、長くても三年。まだ十分使えるのにもったいないという気持ちはわかりますが、これ以上酷使するのは可哀想です。財布に感謝して休ませてあげましょう。

ちなみに新しい財布に替えて、古い財布を捨てる時、捨て方には大事な決まりがあります。

最もいい処分法は、財布供養をしてくれるお寺か神社へ持参することです。それが難しい場合は白い布か紙に包み、「お金を運んできてくれてありがとう」と、これまでのことに感謝して捨てるのです。

古い財布を取っておきたい人もいるとは思いますが、どなたかの形見など、特別な事情がある場合を除いて、潔く処分することをおすすめします。


自分の財布はまだ三年経っていないのに、買い替えたい。飽きてきた。

そう感じるなら、それも替え時です。

こんな時、多くのお金持ちは直感に従います。いいことが起こるお知らせと素直に受け止めて、新しい財布へ買い替えましょう。

15 財布の素材によって「格」が決まる

財布の素材は、あなたが考えている以上に大切です。

お金持ちになりたければ、まずは上質な素材の財布を選んでください。

財布の素材の基本は、本革であること。

安定している素材の代表は牛革ですが、本革であれば後は羊でも馬でもだいたい大丈夫です。

ただし、本革と一口に言っても、品質はピンキリです。無理のない範囲で、なるべく上質なものを選んでください。

ビジネスマンにおすすめしていないのはキャンバス地。そしてNG素材は、合成皮革とビニール素材です。

キャンバス地は絶対にNGというわけではありませんが、ビジネスマンには、立場や年齢相応の落ち着きが感じられないように思います。

学生さんなら悪くないかもしれません。

なぜ、財布の素材にこだわるかと言うと、**それがイコール、あなたの「格」になるからです。**

また上質なものは上質なものを運んできてくれます。

必ずしも、ブランドものの財布がいいというわけではありませんが、一流ブランドでは世界中から最高のクオリティの革を仕入れ、財布を作り上げているのです。

それなりの品質は約束されていると言えるでしょう。

格を決める「財布の素材」

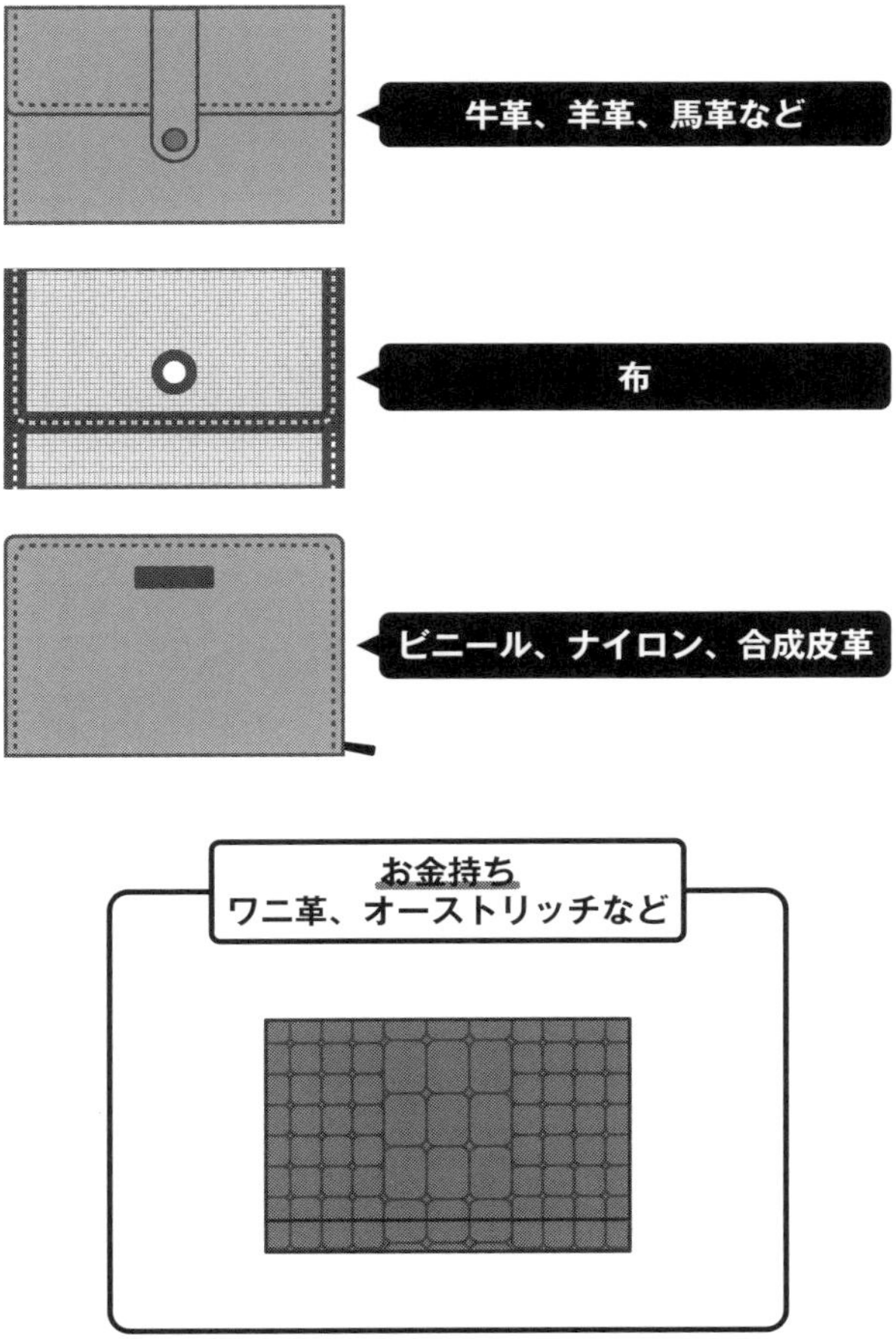

そして、**財布を選ぶ大切なポイントは、必ず手で触って買うこと。**

デザインや機能性や価格はＯＫだけれど、触ってみるとしっくりこないことが時々あります。

ネット通販や人に頼むのではなく、必ずお店に行って触れてみてください。これは重要です。

その財布がベストかどうかは、体が教えてくれます。手に持った時、好きだと思える相性のいいものを選んでください。条件を満たしていても、触った時に好きになれない財布から金運はもらえません。

16

財布を買う時はクレジットか現金か？

財布は、なるべく現金で買ってください。

なぜかと言うと、クレジットカード払いは基本的に借金だからです。

もしも、あなたがお金に余裕があるのであればカードで買っても問題ありません。

しかし、もし今、手元にお金がないからカード払いを選ぶのであれば、今、無理して財布を購入するのは、やめたほうが無難です。

お金に余裕がないのに無理をして財布を買うと、その時のマイナスの経済状態を憶えた財布になってしまいます。

カード払いでは借金が膨らみます。それでは却って逆効果。金運は逃げてしまいます。

これらをクリアしてクレジットカードを使う場合でも一回払いにしましょう。十万円の財布を買う時に、クレジットカードを出して「二四回払いで」という人がいました。

厳しいことを言うようですが、そこまでしなければ購入できないのなら、今はそのタイミングではないということです。

きちんと貯めてから購入しましょう。

借金をして新しい財布を買うよりも、今使っている財布をキレイに磨いて整え丁寧に使うことをおすすめします。

ただし、使って三年が経過しているなら、無理のない範囲で新調してもいいかもしれません。

何度も繰り返しますが、古いものに金運は宿りません。

新しい財布で心機一転、今後は堅実にお金を貯めて、少しずつ財布をランクアップしていきましょう。

気がつくと、お金に愛される人になっているはずです。

公務員	細部までこだわり丁寧に作られた皇室御用達などの国内製品がおすすめ。スーツの内ポケットに収まるコンパクトで機能性の良い財布がおすすめ。
技術職	希少性の高いコードバンやブライドルレザーで、色は黒か茶か深緑。特にブライドルレザーは経年変化が楽しめ、時と共に、よりMy財布としての特別感が味わえる。
営業職	人とのご縁がお金を生む営業職には、長細いレザーを編み込んだイントレチャートやステッチが特徴のデザインがおすすめ。色は黄土色や茶系など。
投資家	100万円の札束がすっぽり収まる底マチ付きで、仕切りがあり、大振りの厚みがあるデザインがおすすめ。
新興IT企業オーナー	クロコダイル、パイソン、リザード等のインパクトがあるエキゾチックレザーがおすすめ。一般の人はなかなか持てないため特別なクラス感があり男心をくすぐる魅力がある。
女性個人事業主	女性の運気を総合的に上昇させてくれるピンク色、もしくはステータスが上がる紫色の財布がおすすめ。ロゴや金具・ファスナーがゴールドだと尚良し。

業種別 ベストな財布の選び方

経営者・役員層	上質素材で作られた一流ブランドの黒の長財布。素材はベーシックな牛革かラム革がおすすめ。
広告・マスコミ	ロゴが目立ち一目でブランドがわかる、押し出しの強い華やかなデザインがおすすめ。ヨーロッパブランドなど海外ブランドのものを。
金融業	シンプルで機能性に優れ、色は黒かダークブラウン。型押しカーフか、しっかり鞣（なめ）しがなされたツヤのあるものがおすすめ。
士業	職業柄、人に「信頼感」「安心感」を感じさせるもの。ブラウンやベージュ系、オーソドックスで落ち着いたデザインがベター。
自営業	堅牢な革で、色は茶系。デザインは厚みがあり、お金をがっちり稼ぎ逃がさないラウンドファスナー。
製造業	質実剛健で耐久性があり、エイジングの経年変化が楽しめる味わい深いヌメ革の財布がおすすめ。
外資系企業	国別通貨の収納に便利な仕切りやカードポケットが多く、持ち歩きに便利なコンパクトなデザインで、海外ブランドのものがおすすめ。

Chapter 3

お金持ちは「お金の使い方」にこだわりがある

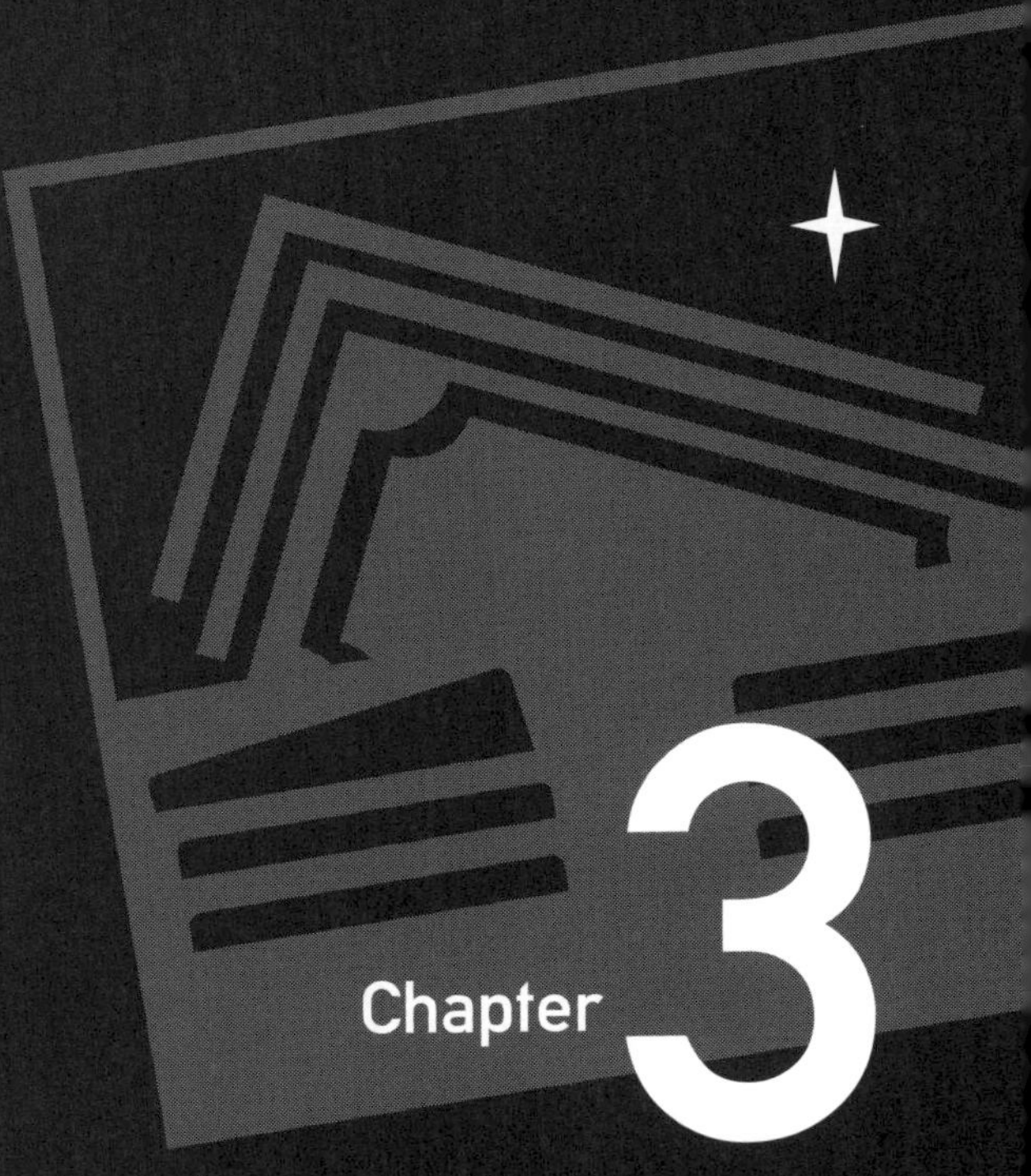

01

お金持ちは成功する前から寄付をする

お金持ちのほとんどが、熱心にボランティアなどの社会貢献活動をしています。寄付をしているお金持ちも多く、ソフトバンクグループ創業者の孫正義さんが、東日本大震災の義援金として個人で百億円をポンと寄付した話は有名です。

元々、お金は循環物であり、必要以上に一ヶ所に留めおく性質のものではありません。一ヶ所に留めておくと歪みのような負のエネルギーが生じます。

吝嗇《りんしょく》家のお金持ちが、お金を世の中に回さず溜め込んでいたために、突然、大きなお金を失う羽目になったという話をよく聞きます。それがよくわかっているため、お金持ちは意識的に寄付をしています。

「お金がたくさんあるから寄付ができるのだろう」

そう思う人は多いでしょう。

ところが、**お金持ちは、それほどお金がなかった頃から、寄付をしてきたと口を揃えて言うのです。**

その結果として出世し、お金を得ているお金持ちは少なくありません。先でも触れた、「先出しの法則」通りの結果になっているのです。

以前、セミナーで先出しの法則の話をしたところ、「私もやります」と言って、半年間、すべての募金箱に寄付をしてみた方がいました。

一回につき百円程度ですが、募金箱などを見かけたら必ずお金を出したそうです。

すると、半年後には、五十万円ほどの思いがけない臨時収入があったそうです。募金したお金の総額は三万円ほどだったと言います。

これには私も驚きました。

「今は余裕がないので、将来お金持ちになったら募金します」

そんなふうに話す人は多いです。

けれど、それでは何も変わりません。

手持ちが少ない時から、見えないものや人に、お金を出すことができるかどうかが分かれ目です。

実際のところ、先出しの法則に従ってお金を出している人が成功して、お金持ちになっていることがとても多いのです。

お金持ちになりたい、出世して偉くなりたい。

それが目当てだとしても悪いことではありません。ぜひ今のうちから募金やボランティアにお金を寄付してください。

自分の未来に投資する未来預金なのかもしれません。

02

お金持ちは「正しく」使えば「お金は減らない」と考える

お金は使えば減るのが当たり前です。そう考えるのが普通です。

ところが、お金持ちは「正しく」お金を使えば、お金は減るどころか増えるものだと思っています。

ここが一般の人とお金持ちのお金に対する意識の違いです。

私は昔、あるお金持ちに「欲しいものは我慢しなさい。必要なものは買いなさい」と言われたことがあります。

当時は、その意味がよくわかりませんでしたが、今は、その意味がよく理解できます。

「欲しい」という気持ちは単なる〝欲〟です。そして欲で買ったものは、飽きるのも早いのです。

あなたも、パッと衝動買いをしてしまったものの、すぐに見向きもしなくなったものがあるのではないでしょうか。

安易にお金を使って後悔してしまう。それは単なる無駄金です。

お金持ちは衝動買いをしません。無駄なことにお金を使うこともありません。本当に必要なものだけにお金を使うのです。

お金持ちがお金を使う対象を大きく分けると、

①支払った額と同等の価値を確実に受け取れるもの
②支払った額以上のものが将来的に返ってくることが見込めるもの
③時を経てもおそらく生涯的に飽きないであろうもの

の三つです。

たとえば、お金持ちは「売る時にいくらで売れるだろう」と先を見越した買い物をします。

骨董品を買うにしても、ジーンズを買うにしても、「これは年代物、レアものだから」と初めから売ることを考えている人もいました。

「これは、この画家が亡くなったら高値で売れるから」と版画を私にプレゼントしてくれたお金持ちもいました。「亡くなったらなんて、不謹慎な……」と思う反面、お金持ちは常に先を考えて買い物をしているのだと、その時つくづく感じたのです。

ここで、これまで会ったお金持ちから聞いたお金の使い道をまとめてみますと、投資、人（交際）、健康、趣味（ゴルフ）、勉強（セミナーや本）、寄付などの回答が多くありました。

お金持ちが投資にお金を注ぐ、という話はあなたもご存じでしょう。

一般の人は自分の労働でお金を稼ぎ、お金持ちは投資をし、お金にお金を稼いでもらうのです。

また、いい人脈がお金を生むことを知っているため、交際費にもお金を惜しみません。

もちろん、付き合いたくない人と付き合うような交際は一切しません。

そして、「体が資本」とはあまりに有名な言葉ですが、健康なくしてはビジネスの成功など無意味になるだけです。

彼らは常に健康を意識して、いいと聞くとすぐに試し、私の自宅へサプリメントや梅干しを送ってくれたお金持ちもいました。

ゴルフも趣味半分、そして残りは健康のためと言えます。セミナーへ参加することも本をよく読むのも、すべてビジネスに生かすためです。

お金持ちのお金の使い方は常に合理的なのです。

03

お金持ちは買い物の時間が短い

お金持ちの買い物の時間が短いのは有名な話です。

私は仕事で、お客様の財布購入に同行させていただく機会が度々あるのですが、お金持ちほど一瞬で欲しい財布が決まります。

対して一般の方は、何時間も迷い、なかなか欲しい財布が決まりません。

お金持ちは迷う時間が無駄だとはっきり言い切ります。

たしかに、迷う時間（財布購入以外も含め）を一生で換算してみると、人生のかなりの時間を無駄にしていることに気がつきます。

また、お金持ちは日頃から決断をせまられる機会が多く、速く決断するクセがついているのでしょう。

加えて、自分に合うものや欲しいものが明確だからかもしれません。

買い物をする時は目的地へ直行し、それ以外ぶらぶら見てまわるような時間を費やさないことも、短い理由の一つかもしれません。

財布購入の同行で、お金持ちや経営者は財布を買うのが速いという話を、ある四十代の男性に話したことがあります。

その男性は、初回は財布が決まるまでに時間がかかったのですが、その話を聞いて二度目は意識的に、短時間で財布を購入したのです。

それ以後、ビジネスが発展し、新しい仕事の話がくるようになったそうです。

もしかしたら意識的に決断を速くするだけで、お金持ちに近づけるのかもしれません。

04

お金持ちはお金が欲しい理由を明確にしている

お金が欲しいという人は多いです。

しかし、そのお金は何のために欲しいのでしょうか。理由を言えない人が圧倒的に多いです。

「お金持ちになりたい」と漠然と思っている人は、いったいどんなお金持ちになりたいのかを考えたことがありますか?

数千万円欲しいのか、数億動かす人になりたいのか。

お金持ちと一言で言ってもさまざまです。

ただお金が欲しいと思うのではなく、自分はなぜお金が欲しいのか。そのお金でどうしたいのかを考える必要があります。

お金は目的ではありません。目的を成し遂げるための言わばツールです。


車が欲しいから三百万円が必要だ。

五年後に独立したいから、資本金一千万円貯めたい。

こんなふうに、なぜお金が欲しいのか、その理由を明確にすることで相応のお金がやってきます。また、「いつまでに」という期限も必ず決めて下さい。

では、そのお金はどうやって稼ぐのでしょう。具体的に考えてください。


サラリーマンとして出世し役員を目指したいなら、どのくらいの収入が見込めるのか。数千万円の役員の年収にたどり着くにはどうしたらいいのか。

自分は億単位の収入を目指したいので、どんなに出世してもこの会社では難しい。では、どのタイミングでキャリアチェンジをすべきなのか。

目的を実現するためには何をしたらいいのか、段階別に理想に近づく方法を考えましょう。

ただ欲しいだけでは、一円も稼げません。

また、忙しくてもとにかく稼ぎたいのか。それとも収入はそこそこでのんびり過ごしたいのか。手にしたお金でどんな人生を送りたいのか、そこまで突き詰めて考えてみてください。

私は、大手金融関連の会社で秘書をしていた頃、社長を間近で見ていましたが、本当に忙しい方でした。

朝から夜遅くまで働いて、車での移動中も食事中も連絡が入り、一瞬たりとも気が休まらないのではと思うほどでした。

社長の年収は億に近い額だと聞きましたが、私だったらもっと年収が低くていいので、自分のペースで仕事をしたい、そう思ったほどです。

どんな将来を送りたいのか、そのためにどれほどのお金が欲しいのか、考えられる限り具体的に、明確にすることが、お金がやってくる近道です。

私の知人に、インドアゴルフスクールを経営している四十代の男性がいます。彼は一年以内、十年以内、二十年以内、五十年以内という数十年先までの自分年表を作っているのです。それを見せてもらった時に、私はとても驚きました。

一部内容を紹介しますと、

〈一年以内〉インドアゴルフスクールをオープン／イースター島に皆既日食を見に行く

〈十年以内〉理想の家庭を築いている／インドアゴルフスクールを多店舗展開

（二〇二二年までに二二校）／ＦＰ事務所を創設する／税理士の資格を取る／不動産賃貸ビジネス（オフィスビル）参入

〈二十年以内〉不動産売買を手がける／総合スポーツ施設を展開／世界中を旅行しまくる

〈五十年以内〉人格者になる（英傑の資質を獲得）／投資の帝王（ウォーレン・バフェットのような）になっている／医療財団をつくる（白血病の根絶／緑内障の完全治癒）

このような具合です。これは本当にごく一部で、更に詳細に書いてあるのです。そしてこの年表通り、彼は着実に目標を実現しています。

現在は公約通り、都内にゴルフスクールを三店舗オープンし、人脈もますます広がり、影響力のある大物がこぞって彼を応援しているので、この先の成功は約束されていると言っても言い過ぎではありません。

お金は追いかけるものではなく、追いかけさせるものです。

目標に向かって行動しつづけることで、おのずとお金は入ってきます。

まずはお金が欲しい理由と期限を明確にしましょう。

それでは最初の質問に戻ります。

あなたは、何のためにお金が欲しいのでしょうか。

05

お金持ちは節約とケチの違いを知っている

ある時期まで、ビル・ゲイツは、飛行機での移動はエコノミークラスと決めていたそうです。目的地に到着する時刻は同じなのに、倍以上のお金を払ってファーストクラスに乗るのは会社のお金の無駄使いだという持論からのようです。

しかし、誰もビル・ゲイツをケチだとは言いません。お金を節約して、もっと有効に使いたいという、経営者としての意識の高さの現れだからです。

節約とケチは似ているようで、全く異なります。

節約とは、無駄なお金を使わないように切り詰めることで、お金を大切にしていることにつながります。一方、ケチは必要なお金やものを出し惜しむ行為です。お金を惜しむケチは、お金に対する執着の現れです。**お金は追うと逃げていきます。執着はお金を追う行為なので、お金に逃げられてしまうと言っていいでしょう。**

ケチな人はお金を惜しむことで、結局お金を失ってしまうのです。

車や趣味など、自分のためにはお金を使えるのに、他人にはお金を使いたくない人は典型的なケチです。

人付き合いにお金を出せない人は、大事な縁やチャンス、そして人脈までも失ってしまいます。

大判振る舞いする必要はありませんが、極端なケチは男を下げる行為ですから特に注意が必要です。

また、私が女性だから申し上げるわけではありませんが、若い頃ならともかく、社会人として経験を積んでいる人が、デートは割り勘主義だとしたら、少し疑問に感じます。

女性は、男性から少しでもキレイに見られたくて、お金も時間もかけてデートの準備をしているのです。男性はその思いを汲んで、デートの時には多めに出すか、時には ご馳走してあげてもいいのではないでしょうか。

そして実は、自分に対して、ケチな人もいるのです。

外ではパリッとしたスーツを着ているのに、自宅へ帰るといつ買ったかわからない毛玉がついたジャージを着ている人。食費がもったいないから、面倒だからと、安いコンビニ弁当で済ませている人などです。

これらは、いずれも自分に対するケチな行為で、決して節約ではありません。

自宅で人が見ていないからといってジャージ姿で、安いコンビニ弁当を食べている人の元へ、果たしてお金はやってくるでしょうか？

コンビニ弁当は添加物が多いと言われており、健康を害して仕事を休むことになれば、損失は少なくありません。それならば新鮮で特売の野菜を買ってきて調理して食べると体も喜びお金も倹約できるので、これこそ節約です。


限られた収入を「どこへ」「どのように」使うのか、使い道はそれぞれですが、お金は豊かさのあるところにやってきます。

そして豊かさとケチは相対関係にあります。ケチと節約の違いを正しく知り、お金に嫌われないようにしましょう。

06

お金持ちは財布の中に「ポチ袋」を常備する

新札の千円札をキレイに折りたたんでポチ袋に入れ、財布の中に常備しているお金持ちがいました。

ちょっといいサービスを受けた時に、感謝の気持ちとしてポチ袋を渡すためです。一緒にいた私も気づかないくらいスマートにさりげなく、ありがとうの一言を添えて渡していました。

それは感謝の気持ちを表現するための一つの手段であり、すべてのお金持ちがポチ袋を常備しているわけではありません。

しかし、ポチ袋を常備していないお金持ちも、**常に感謝の気持ちを忘れず、その気持ちを表現するのがとても上手です。**

食事をした後や買い物をした時に、お金を払いながらいつも笑顔で「ありがとう」と言っているのです。

そこで、ある日、「私たちはお客様でお金を払っている立場なのに、なぜお礼を言うのですか？」と質問してみたのです。

すると、「気持ちのいいサービスをしてもらったから」「美味しい料理を提供してもらったから」と答えてくれました。

多くの人は、こちらがお客なのだからお礼を言われて当然だと思いがちですが、お金持ちは、常に寛容でいてすべてが感謝なのだと、その時学びました。

いつも感謝を忘れない人は、一緒にいて気持ちがいいものです。「ありがとう」を言う人は人から愛されます。

その結果、人もお金も集まってくるのです。

仕事がどんなにできても、人として好かれなければ煙たがられ、仕事のオファーや紹介を躊躇《ちゅうちょ》されるでしょう。それでは人も仕事も近づかず幸せがどんどん遠のくばかりです。

悩みの多い人、幸せじゃないと嘆いている人は感謝の気持ちを忘れてしまっているのです。それでは、お金も寄りつきません。

私は毎日、夜寝る前に「ありがとう」を百回以上唱えています。

いつもお世話になっている方に向けて「◯◯さん、ありがとうございます」と、その方の顔を思い浮かべながら感謝しています。

しばらくすると、後を追いかけてくるように「ありがとう」と言えるいいことがその人から本当にやって来るのです。

ある方の奥様に感謝した数日後、その奥様からプレゼントが届いたり、友人に「ありがとう」と言っていたら、一週間後に彼からセミナー開催の話が飛び込んできたり、次々といい話が舞い込み、収入にもつながりました。

「ありがとうの法則」は本当にあるのだと信じ、今も実践しています。

お金持ちは常に感謝の心を忘れません。感謝の心は、お金と幸運を生みます。

幸せになりたい、お金持ちになりたいと思うなら、不平や不満の言葉を、今日から感謝の言葉に変えましょう。

そのうち運気が上向きになってきたことを、必ず実感するでしょう。

07

お金持ちは「新札」にこだわる

新札にこだわるお金持ちが少なくないことをご存じでしょうか。

財布インタビューで見せてもらったお金持ちの財布には、新札がたくさん入っていることがよくありました。

お金を受け取る際に、キレイなお札が来た時と、古びたお札が来た時では気分が違います。

使い古したお札はすぐに手放したくなりませんか？

そういった心理が働き、財布から早く出て行ってしまうのです。

キレイなものはずっと取っておきたいと思うのは人間の本心でしょう。**お金持ちは新札のパワーを利用し、お金が出て行かないようにしているのです。**

私もOL時代にお金持ちの真似をして、新札に交換するため、出社前に銀行の両替コーナーへ通いました。頻繁に行くうちに、私のように定期的に新札に替えに来る常連さんがいることに気づいたのです。

その人は身なりが整っており、靴は美しく磨かれ、財布を入れているビジネスバッグも上質なものでした。お札を出す手つきも丁寧で、それは見るからにお金持ちの佇まいでした。

こうしてお金持ちは、常に財布に新札をしのばせているのだと思いました。

お金は人の手から手へと渡り歩くものです。つまり古いお金は、それだけ多くの人の手垢がついていることになります。

また、人はどうしてもお金に執着する生き物ですから、お金にネガティブなエネルギーがついています。

だからこそ、お金持ちは汚れのない清浄で新しいエネルギーが満ちた新札にこだわっているのです。

また、私が打ち合わせでよく使うあるコーヒーチェーンでも、新札にこだわっています。お釣りのお札はいつも新札なのですが、それだけではありません。小銭もピカピカなのです。

どうしてこんなにキレイな小銭が用意してあるのかを聞いたところ、薬品を使いすべての小銭を磨いているのだそうです。

お客様に渡す小銭にまで気を配れる姿勢があるから、このコーヒーショップは地域を問わず繁盛しているのでしょう。この他にも、地方のメガネ販売店でもピカピカの小銭が用意され、黒字が続いているという話もあります。

当然、銀座の高級ブランド店や一流レストランでも同じように、つり銭に新札が用意されています。

このようにお金持ちやお金の集まるところでは新札にこだわっているお店が多いのです。

古いものには、新しいものを生み出すパワーがありません。生み出すパワーがあるのは新しいものです。

財布に新札を入れておくと、新たなお金が運ばれてきます。

08

お金持ちは丁寧にゆっくりとお金を扱う

お金持ちの共通点の一つに、いつも余裕があるということが挙げられます。言葉や動作、そして全体から醸し出す雰囲気すべてにおいて、余裕が感じられます。

それは、お金を扱う時も同じです。

お店でお金を支払う時にレジの後ろに行列ができていても、お金持ちが焦ることはありません。急いで雑にお金を扱うこともありませんし、お金を出す時は、間違いのないようしっかりと数えてから、丁寧に相手へ差し出します。

不思議なことに、後ろの人はイライラすることなく、その動作を温かい眼差しで見守っていてくれます。

そうさせる何かをお金持ちは持っているのでしょう。その余裕がお金を生むのです。

こう言うとお金持ちだから余裕があるのだろうと、考えるかもしれません。

でも、それは逆です。**余裕のある考え方や、余裕のある行動をしてきたからこそ多くのお金を引き寄せ、お金持ちになれたのです。**

ここを正しく認識する必要があります。

また、これは知り合いのお金持ちのエピソードですが、そのお金持ちもやはり常に余裕があり、焦ることがありません。

新幹線などで移動する際、出発時刻まであと五分というところで、まだ改札を通ってもいないというのに少しも焦らないのです。

私なら、後五分しかないと落ち着かず、走りだしてしまいます。

ところがその方は「まだ五分ある」、そう言ってゆったりと歩いて向かいます。

そして、結局ちゃんと間に合うのです。

余裕を持っていると、時間のほうが人に合わせてくれているのではないかと思うくらいです。

「まだ五分ある」と考えるのか「五分しかない」と考えるのか、同じ五分でもそこには大きな意識の差があるのです。

お金持ちは「ない」とは言いません。

否定語は滅多に使わず、何事においても、いつも「ある」「大丈夫」と肯定の言葉で語ります。

言葉は、その意味のものを連れてきます。

お金が逃げていく人の共通点は否定の言葉が多いことです。足りないものばかりが目について、心が不安でいっぱいの状態です。

この不安な気持ちが、更にお金がない状態を引き寄せます。

お金持ちに近づきたいのなら、ゆったりと構え、余裕のあるように振る舞いましょう。

その余裕がお金を連れてくるでしょう。

Chapter 4

お金の流れをコントロールする「毎日の習慣」

01

落ちているお金は一円でも拾う

道に一円玉が落ちていたら、あなたはどうしますか？

拾ったら、セコい人と思われるのではないか。

そんな周囲の視線も気になります。百円玉や五百円玉ならともかく、道端の一円をわざわざ拾うのには抵抗があるという人がほとんどでしょう。

ところが、お金持ちは、一円玉、十円玉でも躊躇なく拾います。他人の視線は全く気にしません。

「一円が一億円につながっているのだから、一円でも拾うべき。それに、落ちたままでは一円が可哀想だ」


あるお金持ちが、私にそう教えてくれました。

それ以来、私も落ちているお金を見つけたら必ず拾うようにしています。

しかし、落ちたままでは一円が可哀想とは私にはなかった発想で、さすが一円のお金でも大事にするお金持ちならではだと感銘を受けました。


私があるお金持ちに、お金が落ちていたら拾うようにしていると話したところ、その人は「僕もよく五千円を拾うよ」と言うのです。

それほどの大きな金額が落ちているところに、私は一度も遭遇したことがありません。

いったいどこにそんな大金が落ちているものなのでしょうか。

一般の人と億万長者は拾う金額も違うものだと驚いたものです。

しかし、面白いことに、私も年収が上がるにつれて、拾うお金の額がアップしているのです。

最初は一円玉ばかりでしたが、段々と百円玉、五百円玉を拾うようになってきました。億万長者の拾う五千円札には及びませんが、私も少しずつ近づけているのかもしれないと前向きに考えています。

拾うお金の額はまるで自分の金運のバロメーターのようにも感じます。

では、拾ったお金はどうすればいいのでしょうか？

本来は取得物として警察に届けるべきです。

しかし、一円玉、十円玉を交番へ持っていく人は少ないでしょう。交番のお巡りさんも内心困るかもしれません。

そこで、私の場合は少額の小銭であれば、お賽銭としてお寺や神社に納めるようにしています。

そして、「このお金が社会に役立ちますように」と手を合わせてお願いしてくるのです。何せ、お金は天下の回りものですから。

お金持ちの中には、拾ったお金を「つき金《がね》」と考えて、財布に入れておく人もいました。拾われて助けられたので、ついているお金というわけです。**「つき金」は呼び水となって仲間のお金を呼んでくれる**のだそうです。

お金持ちは慣習や常識にとらわれない発想をするものです。

人の視線や考えに左右されない意志があるからこそ、大きな成功を手に入れるのでしょう。

02

靴は毎日裏まで磨く

多くのお金持ちと接してみて気づいたことの一つに、靴にとても気を遣っているということがあります。

靴好きなお金持ちが多いこともあり、常に磨かれキレイで、かかともすり減っていません。

それはお金持ちだから当然だろう、と思う方がいるかもしれませんが、決してそれだけではないのです。

外見で、一般の人が最も気にかけるのは洋服が圧倒的に多いですが、お金持ち

が最も気にかけているものは靴なのです。

「足元を見る」という言葉がありますが、一流ホテルや高級ブティックでは、まずはお客様の足元をさり気なくチェックし、履いている靴一つで、後の対応がガラリと変わると言われています。

それほど、**ステータスを表す象徴と言えるのは靴**だと、お金持ちは知っているのです。

お金持ちの中には数十万円する一流ブランドの靴を履いている方がいますが、靴の価格以上に、その手入れに時間も手間もかけていました。

帰宅したらどんなに疲れていても、奥様や他の誰かに頼むことなく、毎日必ず自分で靴を磨くそうです。

その手入れ方法にも、驚くべき、あるこだわりがありました。

そのこ**だわりとは、靴の外側だけでなく、靴の底まで磨くこと**です。

私たちも靴の外側は磨きます。ですが、お金持ちは靴の底まで磨いているのです。

私はそれを聞いて、「靴の底まで磨くのですか？」と聞いたら、「えっ、磨かないの？」と逆に驚かれました。それも三人のお金持ちが同じことを言っているのです。

その理由はお金持ちにはキレイ好きな方がとても多いことにあります。それも中途半端でなく徹底的に清潔にこだわるのです。

一日中、私たちはさまざまな場所へ移動するため、靴の底はとても汚れています。そこで靴の底をしっかり拭いてから、シューズクローゼットへしまうことを習慣化しているお金持ちがいるのです。

悪いエネルギーを家の中へ一歩も入れない心構えです。

この話を聞いて、私もお金持ちを真似て靴の底を拭いてみたところ、ぞうきんが真っ黒になり、これ程汚れていたのかと改めて驚きました。

そして、気分がすっきりしただけではなく、運気が上向きになったのです。

できれば、月に一度は下駄箱やシューズクローゼットから靴を全部取り出して掃除することをおすすめします。

棚をキレイに拭き、靴を戻す時には、季節に合うものを手前に、季節外れのものは奥に並べれば完璧です。

靴が決まれば気分が引き締まります。

男性の身だしなみの優先順位は、まずは靴と心得ましょう。

服にかけるお金があれば、まずは靴です。それを忘れないでください。

03

お金持ちは宝くじを買わない

宝くじのシーズンになると、高額当選が出る有名な売り場に長蛇の列ができている光景を見かけます。

宝くじを楽しみにしている人には申し訳ないのですが、宝くじはお金を得る確率が最も低いものです。夢を買うのだから、それでいいと考える人もいるでしょう。

私は、お金持ちが宝くじを買うという話を聞いたことがありません。

全くいないとは言いませんが、せいぜいお遊び程度、運試し程度です。

知っての通り、お金持ちは一円も無駄にしないので、不確かなものには一円も使いません。

また、一攫千金を狙って宝くじを買うことは、楽してお金を得たいという考え方です。

お金は、相応の努力や行動の結果を対価として初めて受け取ることができるものです。

ただし、お金持ちが一般の人と違う点は、**一般の人は労働した分のみ対価を受け取りますが、お金持ちは努力した分の何倍ものお金を稼いでいます。**

その秘密は、事前努力にあります。お金持ちは、少しの労力でたくさんのお金を稼げるよう、知恵をしぼり努力をコツコツと積み重ね、さらに行動し、次第に受け取る容量（キャパ）を拡大させてきています。

その結果、一般の人とは比較にならないくらいのお金を受け取ることができるようになったのです。

先にも述べましたが、宝くじは当選確率が非常に低いもの。つまり高額当選者は一人勝ちの状態になります。損をして悔しい想いをする人が大勢いるということです。すると、目には見えませんが、そのネガティブエネルギーを同時に受け取ることになるのです。

宝くじを賭けごととするならば、お金持ちこそやる人が多い賭けごとはカジノです。その理由は明白で、宝くじとは逆に還元率が高いからです。

その還元率の差は、40~50%とも言われています。このようにお金持ちは常に何が得かをシビアに考え行動しています。

04 入るお金より出すお金にフォーカスする

サラリーマンは月に一度、会社から決められた額の給料をもらいます。

その金額は個人の意思ではどうにもなりません。

自営業の人は自分の頑張りによって収入を増やすことはできますが、売上次第で減ることもあります。

つまり、**入ってくるお金は思うようにならない**のです。

一方で、出て行くお金は誰もが例外なく、自分で完全に管理できるお金です。

収入の多い少ないに関わらず、出て行くお金を抑えれば抑えるほど、たくさんのお金を貯めることができるのです。

つまり、**お金が欲しい、貯めたいと思ったら、入ってくるお金にばかりフォーカスするのではなく、出て行くお金のほうに注目してしっかり管理するべきです。**

私たちは入ってくるお金の方ばかりを見て、不満やため息を漏らしがちです。でも、出て行くお金については無頓着で大雑把な人が多いのが事実です。

「もっとお給料があったら、あれが買えるのに、あんなこともできるのに」

かつては私もこんなふうに考えていた時期がありました。

しかしある時、給料は会社からいただくありがたいお金だと気づき、出て行くお金に意識を向けるようになりました。

給料の不満を口にするのではなく、無駄使いに注意してお金を使い、少しでも多くのお金を残すことを考えたのです。

たとえば、二十万円の月給で十五万円を使っていた場合、毎月の残金は五万円です。しかし、使い方を見直して十二万円の支出に抑えることができたら、毎月八万円が残ります。給料は増えてはいないのに、上手に節約すれば、実質的に三万円多くお金を残すことができるわけです。

それは、自分の努力で生み出した三万円です。

給料が増えた時に得られる三万円とは同じようでいて全く違います。自分自身のお金への意識が高まった結果として手にできるのです。

ただし、節約してお金を少しでも残す努力をするのはいいのですが、必要以上にお金を出し渋ることは決していいとは言えません。

この点にはくれぐれも気をつけてください。

収入を増やすことは自分で操作できませんが、出て行くお金を減らすことは今日からでもできます。

出て行くお金を注意深く見直してください。必要のない出費や省ける支出がきっと見つかります。

05 契約書にはその金額にふさわしいペンでサインする

あなたは、仕事でどのようなペンを使っているのでしょうか?

仕事で使うペンは、ぜひともいいものを使ってください。

実は、ペンはあなたの仕事上の地位を表すツールです。ですから上質なものであればあるほどいいのです。

逆に、安物のボールペンを使うと、確実にあなたの地位は運気とともに下がります。

また大切な契約書にサインする時や、クライアントとの重要なミーティングなどビジネスシーンにおいて、あなたのペンやペンを使っているところは、あなたが考えている以上に人に見られています。ですから、百円ショップで買ったような安物のペンを使っている人は、確実に損をしてしまいます。

私が秘書として勤めていた時、役員の方はほとんどが四〜五万円のモンブランのペンを持っていました。

高給取りだから高価なモンブランを持てるのだと考えてしまいがちですが、そうではありません。**役員の中には、安月給の平社員の頃から自腹で購入したモンブランの高級ペンを愛用していた方が多くいました。**

同期の仲間と飲みに行くのを何度か我慢し、モンブランを使いながら、いつかこのペンに見合う偉い人になろうと頑張ったそうです。

その結果、同期と大きな差がつき、持っているものに見合う将来がやってきたわけです。

私も仕事用のペンを三本所持し、TPOに応じて使い分けています。目上の方の前では失礼のないようヨーロッパの一流ブランドのものを、少し若い方の前ではこれ見よがしにならないよう、もう少しお手軽なものを使用しています。

東京ミッドタウンの家賃百万円のレジデンスに住むセレブも、二本のボールペンを使い分けているそうです。一本は、クライアントの前で使うモンブランの三万円のもの。もう一本は比較的お手頃なメモ用の五色ボールペンでした。

このように、時に社会性を、時に機能性を意識して、シーン別に上手に使い分けるといいと思います。

人は持ち物によって、気分が左右される生き物です。いいものを持てばテンションが上がり、逆だとテンションが下がります。

上質なペンを持つと気分が高揚し、よし頑張ろうという気になるものです。その結果、仕事上のいい成果に結びつくかもしれません。

またいい物を持つと、〝こんないい物を持てる自分〟に対して自信がつくのです。つまり、他人からの評価だけでなく、自己評価も上がりいいことづくめです。

百円のペンでも高級ペンでも同じように字を書くことはできますが、お伝えしてきた通り、ペンは単に字を書くものではありません。

あなたの年齢やキャリアに相応しいもの、誰に見られても恥ずかしくないもの、そして一流のあなたにぴったりのマイペンを、ぜひ見つけてください。

06 お金持ちになる人は名刺を丁寧に扱う

ビジネスシーンで名刺の存在はかかせません。あなたはいただいた名刺をどうしていますか?

名刺はその人を表すものですから、雑に扱うとその人とのご縁に支障をきたします。

決して名刺入れに入れっぱなしにせず、すぐに、きちんとファイリングし保管します。**丁寧に扱うことが大切です。**

私が秘書をしていた時代、**役員の方は、いつどこで会ったかを忘れないように名刺にメモをしていました。**

そして、当日中に保管していました。

いただいた名刺に何かを書くのは失礼ではないかと思う人もいるかもしれませんが、そんなことはありません。

忘れてしまうほうが失礼です。

きちんとファイリングし保管してある名刺は、いざという時にさっと取り出すことができ、仕事がスムーズにはかどります。

人様の名刺を丁寧に扱うだけでなく、自分の名刺も丁寧に扱いましょう。

また、名刺入れにも気を配りたいものです。

名刺入れは、財布のように人の目に触れるものです。一流のビジネスマンとして恥ずかしくない名刺入れを使うことをおすすめします。

高級ブランドではなくてもいいので、**品質の高いものを選ぶといい**でしょう。

名刺の受け渡しの時には、相手の目を見てフルネームを名乗りながら両手でしっかり渡し、相手の名刺も両手で丁寧に受け取ります。

たったこれだけのことではありますが、あなたを印象づけることができます。

一つ注意しておきたいことがあります。

ビジネスセミナー等へ行きますと、「名刺入れを忘れた時のために、財布に名刺をしのばせておきましょう」と教えている講師の方がいます。

それは間違いとは言いませんが、先にも述べた通り、財布は〝お金を入れる入れ物〟ですから、お金に関係のないものを入れるべきではありません。

備えとしての名刺は財布ではなく、手帳など財布以外の場所に入れて持ち歩いてください。

お金以外のものを財布に入れれば入れるほど、本来お金が入るべきスペースを奪ってしまいます。

するとお金が入ってこなくなるので、注意が必要です。

07 バッグを床に置かない

私はある時、お金持ちや一流と呼ばれる人は、決して床や地面へビジネスバッグを置かないことに気がつきました。

ビジネスバッグには、契約書や資料など、仕事で使う大切な書類が入っています。床や地面は多くの人が汚い靴の裏で踏みつけている決して清潔とは言えない場所です。

大切な仕事の書類などを入れるビジネスバッグを、そのような床や地面に置くことは、仕事や仕事によって得られるお金を軽視していることと同じになってしまいます。

またバッグが汚れるため、おすすめできません。それは、底鋲《そこびょう》付きのバッグであっても同じです。

電車で観察していても、靴がピカピカでピシッとプレスされたスーツを着こなしている人は、必ず膝の上にビジネスバッグを大事そうに抱えています。

それは、バッグを大切にしていることだけでなく、仕事に対する意識が高いとも言えるのです。

重いビジネスバッグは、つい床に置きたくなってしまうかもしれませんが、これは自分が楽をしたいという自分優先の考え方です。バッグの身になっていません。

また、大事なバッグをたとえ一瞬でも自分の手から離し、万一持ち去られたらどうするのでしょう。リスク管理的にも問題です。

お金を稼げるビジネスマンになる、お金持ちになるにはどんな考え方をすればいいのかがわかりますね。

お金持ちはビジネスバッグに限らず高価でもいいものを購入し、丁寧にメンテナンスをして長年使い続けます。

何十年経っても修理を受けつけてくれるブランドを贔屓《ひいき》にし、汚れたりほころびたりしたらリペアに出します。

こうして、親から子へと代々大切に伝えられていくものもありますから、お金持ちはとてもお得でいい買い物をしているのです。

ある億万長者が教えてくれました。

「物は大切にしておくと、裏切らない」

これは、日頃から物を丁寧に扱い、ケアを怠らないことで、いざ使いたい時に使いものにならない、もしくは、ほころびている、カビがはえたなどの事態を免れ、スムーズに動けるということです。

大切に扱えば、物はそれに必ず応えてくれます。

あなたの仕事を支える物が常にスタンバイOKの状態であれば、ビジネスシーンで100%の力を発揮でき、もしかしたら実力以上の仕事ができるかもしれません。

そして、やがて会社での高い評価につながっていくのではないでしょうか。

08

行く場所を選ぶ

土地には、その場所ごとのエネルギーがあります。

もしも、あなたがお金持ちになりたいのなら、豊かさのエネルギーがあふれる場所へ出かけてください。

お金持ちが大勢歩いている場所や、富裕層が住んでいる場所では、豊かさの気を分けてもらうことができます。

豊かさのエネルギーが溢れる場所とは、たとえば、銀座のように高級ブランド店が軒を連ね、歩いている人にも豊かさが感じられる街です。

道幅が広く大きな家が連なる、いわゆる高級住宅街や町並みが整備され高級車が往来する街なども当てはまります。

そんな場所を歩いてみると、どことなく空気が違い視界が開け気分が良くなることに気づくでしょう。

自分の生活圏とは全く縁のない場所であっても、わざわざ出かけていく価値はあります。

豊かさのエネルギーに満ちた街のカフェで道行く人をウォッチングして、他の場所とはどこが違うのか、どんな人が歩いているのか、身に着けているものや雰囲気まで目で見て肌で感じるのもいいでしょう。

また、そのような土地のスポーツジムに入会したり、習い事をはじめたりなど、その地に縁を作るのもおすすめです。

散歩の途中でその街の住人と挨拶を交わしたり、深呼吸するだけでもいいのです。

私の知人で、いつか港区白金に住みたいと憧れている人がいました。

その人は、当時は別の場所に住んでいましたが、週末になると白金へ足しげく通い、その結果その土地とご縁ができたのか、今では憧れの街の住人となりました。他の場所より家賃相場が高いため難しいと思われたのですが、会社の補助やタイミングも手伝い夢を叶えたのでした。

豊かな気に満ちた街で出会う人たちは、お金持ちで穏やか人が多いのです。そこからいい人脈ができ、ビジネスチャンスにつながることがあるかもしれません。

反対に、おすすめできない場所もあります。

簡単に言えば、おすすめの場所とは正反対の場所です。

道幅が狭く騒々しい場所、パチンコ屋や飲食店がひしめき合う繁華街、高架下や線路の近く、土地が低くジメジメした場所などです。

このような場所では総じて気持ちが落ち着かないものです。決して目には見えませんが、気分も運気も下がるのです。

ここで一つ、簡単な金運上昇の方法をお教えしますね。

それは、**豊かさのエネルギーがあふれる街の銀行で、お金を下ろすことです。豊かさとお金は切っても切れないもの。そのような場所でお金を下ろす行為そのものが金運上昇につながります。**

この本を読んでくださっている方の中には、家の購入を考えている人、引越しを予定している人がいるかもしれません。

お金持ちに近づきたいなら、家を探す条件に、豊かさのエネルギーにあふれた場所を加えてみましょう。その分、価格は高くなるかもしれませんが、それ以上の余りあるものを手にできるはずです。

エネルギーが低い場所は、あなたの運気を確実に下げてしまいます。できるなら、豊かな気に満ちた土地に住んで、いいエネルギーを存分にいただいてください。

そして食事や飲みに行く場所やお店も、なるべく選んでいただきたいのです。いつも安い場所を選んでしまうと、財布の中身は減らないかもしれませんが、そこにいる人も、もらえる運気も〝そこそこ〟どまりです。

一流の人は一流の場所に集まります。はじめは、そのような場所へ行くこともお店へ入ることも勇気がいるかもしれません。

でも、その一歩が踏み出せたなら、必ずその後の世界が変わります。行く場所を変えると人生が変わります。

09

食べものと健康に気を遣う

お金持ちは、水にこだわります。それは一般の人の比ではありません。

なぜお金持ちが水にこだわるかと言うと、それは、お金と水は密接な関係があるからです。

Chapter2でも述べた通り、お金と水はとても相性が良く、それを知ってかかわりませんが、お金持ちは普段飲む水はもちろんのこと、家中に浄水システムを設備するほどのこだわりようです。

市販の飲料水の場合、お金持ちには国内産のミネラルウォーターが好まれています。採取されてから時間が経っていないため、新鮮なのだそうです。

お金持ちは食べ物にも、大変気を遣います。

たとえば、ある億万長者は絶対にハンバーグを食べません。理由を聞いたところ、ハンバーグはひき肉を使うため、「産地のわからない肉は、食べる気がしない」と言うのです。

たとえ一口たりとも、体に害のありそうなものやその恐れがあるものを口にしない、その徹底ぶりに驚きました。

そして、本物のお金持ちに太っている人はいません。

ほとんどのお金持ちがすっきりとして健康的です。

その理由は、太ってしまうと洋服を買い替えなくてはならず、また病気の原因になることもあり、とても不経済だからです。

ここにも合理的な理由がありました。

お金持ちは体が資本だとよくわかっています。

なぜなら、**健康でなければお金を稼ぐことができず、億というお金も稼ぎ出すことはできません。**

海外では、太っている人は自分を律することができない人とみなされ、一流として認められないという考え方がありますが、日本のお金持ちも同様です。

その証拠に、欲望に負けず、常に自分を律することができる人が財を成しているからです。

水にも食べ物にも体型にも気を配り、いつも健康でいることを重視する本物のお金持ちは、男女に関わらず見た目にも大変気を遣います。

その理由は、決して自己満足だけでなく、見た目の印象を良くすることで他人へ最大限にアピールできたり、高く売り込んだりできるという理由もあります。目につきやすい手の爪は短く切りそろえられ、肌はつるつるで顔色も良く、漂う雰囲気があきらかに普通の人とは違います。

ヘアカットやフェイシャルマッサージを行う一度の理容室代に二万円以上かけるというお金持ちもいるほどです。

百貨店が一流のお客様を見分ける時に、肌の色つやを見て判断すると聞いたことがありますが、あながち嘘ではないでしょう。

百人の普通の人の中に、一人だけ億万長者がいたとしたら、必ず見つけられるはずです。

本物のお金持ちは、たとえユニクロを着ていても、それほど独特の雰囲気と輝きを放っているのです。

あなたもぜひ、できるところから真似してみませんか。

続けていくうちに、いつかお金持ち特有の雰囲気と輝きを放てる人になるかもしれません。

その特有のオーラを放てるようになると、周囲があなたをお金持ちだと認識するようになるため、ますますお金持ちの雰囲気が漂います。

そうなるとお金のほうからあなたを追いかけてくるようになるでしょう。

10 定期的に歯医者に通う

お金持ち、お金に困っている人、それぞれに共通点があります。

お金持ちには自然とお金が集まるいい習慣が多数あり、それとは反対にお金に困っている人の場合、お金が逃げていく悪い共通点がたくさんあります。

お金持ちの共通点の一つに、歯がキレイだということがあります。

財布インタビューで会ったお金持ちは歯が美しい方ばかりでした。

地方在住の六十代元会社役員の億万長者は、二ヶ月に一度、かかりつけの歯科医院へ通っているそうです。

昔から治療の必要がなくても、定期的なメンテナンスは欠かさないそうです。歯や歯茎の状態のチェックに始まり、歯石ケアやホワイトニングなどが定番メニューなのだそうです。


歯は取り替えが効かない自分自身の大切なパーツです。

メンテナンスの意味はもちろんですが、歯は人に見られるものなので、見られて恥ずかしくないよう、いつも気を遣っているのだそうです。もちろん、虫歯も早期発見できるため、とても合理的です。

定期健診を行っていないと、虫歯などの症状が出てはじめて治療することになり、その時点では症状も大分進行しています。治療に余計な時間、お金、労力がかかり、結局損をしてしまうのです。

ちなみに、お金持ちは電動歯ブラシを使う人が多いという共通点があります。

その理由は普通の歯ブラシと異なり、短時間で隅々まで均一の力で磨き上げることができるからです。

ここにも合理的な理由がありました。

風水の考え方においても、金運と歯には密接な関係があるそうです。

風水の五行では、歯は「金」のパーツになります。歯の状態が良好だと金運が上がり、虫歯がある人はお金が逃げていくと考えられています。

歯と金運の関係はともかく、お金持ちは徹底的に合理主義であり、また周囲への気遣いが、また新たなお金を生むのだという気がしてなりません。

11 よき上司を真似る、学ぶ

あなたの会社には、憧れの上司や仕事ができる先輩はいますか？

もしも、そんな対象がいたなら、ぜひじっくり観察することをおすすめします。

彼らの日頃の言動や仕事ぶり、身につけているものはあなたと何が違うのでしょうか？　じっくり観察して、お手本としてください。

憧れの対象とは、直属の上司でなくてもかまいません。役員クラスの方でもいいのです。

たとえば、その役員の方は、朝出勤した時に警備員にも自分から挨拶をしています。部下や秘書にも腰が低く、いつも謙虚。バーバリーのコート姿が決まっているなど、どんなことでも、盗めるものは盗んでみましょう。

真似は学ぶに通じます。少しずつでも近づいていけるはずです。

「そんなに素敵な人はうちの会社にはいない」

という人は、ただ見つけられていないだけかもしれません。

身近にいる上司や先輩には、不満が先に立ってしまいがちです。近すぎて見逃しているだけかもしれません。

「どうしてもいない」と言うなら、成功している経営者の習慣を真似てみるのもいいでしょう。著書を読んで成功の秘訣を学ぶことも役に立ちます。

とは言っても、**身近なお手本は、どんな成功者よりもあなたの成長に力を貸してくれるはずです。**会社の中を広く見渡すと、きっとお手本になる人がいます。

一人からすべてを学ばなくてもOKです。

たとえば、役員Aさんから対外交渉を、部長Bさんからは社内とりまとめを、課長Cさんからはビジネスファッションをという具合に、それぞれのいい点を真似し、取り入れてください。


部下に真似されて嫌な気持ちになる人はいません。


あなたが師と仰げるお手本に出会えたら、真似をするだけではなく、仕事上直接のかかわりがない上司や役員であっても、思いきって挨拶をしたり、時間がある時を見計らって話かけたりするのもいいでしょう。

誰かのお手本になるほどデキる人は、周囲への気配りも欠かさないはずです。

可愛い部下としてあなたに親しみを感じ、引き上げてくれるかもしれません。

12 二三時に寝て、六時に起きる

実はこれは、成功している経営者から聞いた話です。

多くの成功者があまりにも同じ話をするので、これは成功法則の一つに違いないと、私もそれから真似するようになりました。

ここで一つ注意して欲しいのは一日に七時間の睡眠をとることではなく、**二三時から六時という時間帯を守ること**です。

季節にもよりますが、朝六時頃は朝日が出る時間です。お金持ちは昔の人の生活のように日の出とともに目覚め、日の入りとともに就寝するシンプルな生活が最も理想的な生活リズムだと考えています。

体内時計とマッチし、ベストな状態で仕事に臨めるからです。

太陽は正午まで上がり続けます。この時間帯に仕事や活動をすることで上昇のパワーをもらえます。

朝日のエネルギーをもらうため、外に出て目を閉じ、額に一分ほど朝日を当てると話してくれたお金持ちもいました。

さらに、寝室の窓を開け、朝の新鮮な空気に入れ替えてすっきり一日をスタートさせるのだそうです。

大阪に住むある経営者は、これらの理由から、新幹線で東京へ向かう時には、わざと朝日が見える席に座るそうです。朝日からパワーをもらっているのです。

また、ある億万長者は、「朝一番によきものに触れる工夫をすれば、毎日、最高の精神状態で一日のスタートを切ることも可能だ」と言い、朝目覚めた時に目に飛び込んでくる位置へ意図的に、自分の気分が上がる絵を飾ってあると教えてくれました。

朝は空気が澄み静かなので、当然仕事もはかどります。貴重な時間を最大限に生かすのがお金持ちです。

仕事で成功したいなら、あるいはお金持ちになりたいなら、朝を有効活用してください。

夜遅くまで残業するのなら、朝を有効に使った方がはるかにコストパフォーマンスのいい仕事ができるでしょう。朝活もオススメです。最近では早朝の英会話教室や、人脈を広げる朝食会も人気を集めています。

長年多くの方の鑑定をしてきて気づいたのですが、**成功者や仕事がうまくいっている人は例外なく早寝早起きでした。**

夜更かし、朝寝坊は一人もいません。

日の出とともに起き、日の入りとともに就寝するシンプルな生活習慣が、成功者となる基本と言えるでしょう。

13 目標やビジョンは就寝前に描く

人は、起きている時には脳で考えて物事を判断し、行動しています。

これは顕在意識のスイッチがオンになっている状態です。

反対に、私たちが休んでいる時にオンになるのが潜在意識で、顕在意識はスイッチがオフの状態になります。

本来、人は潜在意識を生かすことで目標達成や願望の実現に近づけます。

起きている時には顕在意識が邪魔してしまい、潜在意識にはなかなか近づけません。

たとえば、私たちが起きている時に、「今の会社で社長になりたい」と思ったとしても、顕在意識が働いている状態なので、「そんなこと無理に決まっている」と、反対の常識的な思考も同時に発動してしまい、願望の実現を邪魔するのです。

私たちが眠りにつく直前が、顕在意識と潜在意識が切り替わる時です。この時は顕在意識が取り払われます。

この時を見計らって自分の願望や夢をイメージングすることで、願望が素直に潜在意識に届けられ、とても叶いやすくなるのです。

日本一広いマンションに住んでいる女性アフィリエイターの高嶋美里さん。彼女も就寝前のイメージングを実践している一人です。

彼女の言葉を借りるなら、「寝る前の妄想は実現する」のだそうです。

コツは短く願いダラダラと説明しないことです。

寝る前にパッとイメージングし、願望を一言口にするだけで、だいたい三ヶ月～半年で叶うと話されていました。

私の知るお金持ちにも、寝る前の瞑想やイメージングを習慣にしている人が多く、顕在意識と潜在意識が切り替わるこの時をとても大切にしているのです。

あなたも、叶えたい夢や実現したい目標があるのなら、眠りにつくこの時を活用してみませんか?

そこには世間一般の常識や制限は一切ありませんし、あなたの夢を笑ったり非難する人は一人もいないのです。

ですから、あなたが望むまま思い通りに、壮大な夢や目標を自由に思い描いてみてください。夢は思い描いた日から実現に向けて動き出すのです。

おわりに

最後までお読みいただきましてありがとうございました。

いかがでしたでしょうか。

本書は、あなたに本書の内容を実践していただき、お金に愛される人になっていただくために書いた本です。

知っているだけ読むだけでは、それは叶いません。

幸せをつかむ人の特徴は、理屈より行動です。そうすれば必ず変化を実感していただけるはずです。

おそらく過去に似たような内容を読んだり聞いたりされた方もいらっしゃることと思います。それは、当たり前です。

なぜなら、お金持ちの共通点はいつでも同じだからです。伝え方が多少変わったとしても〝お金の真理〟は変わらないのです。

もし、類似書を幾冊も読んでこられたのであれば、お金に好かれるようになりましたか。また、どれほどお金を手にすることができたでしょうか。

もしも、あまり変わっていなかったとしたら、失礼ながら〝ただ読んでいるだけ〟になっていたのかもしれません。

だからこそ、ぜひ実践していただきたいのです。

かくいう私も、これまでどれ程「お金」を追いかけてきたことでしょう。

どんなに追いかけても、お金をつかめない時代を過ごしてきました。

ですが、ある日気づいたのです。お金は『青い鳥』の話と同じで、とても近くにありました。

お金は制限なく自分が望むだけ受け取ることができるのです。

そんな夢のような話があるとも知らず、遠くにあるものだと勝手に思いこみ、はるか先を見つめ追いかけていたのです。

私はこれを悟った日から、着実にお金持ちへの道を歩めるようになりました。

これは、私だけに当てはまる話ではありません。本書をお読みのあなたにも、そして、すべての人にも同じことが言えるのです。


お金は、常にあなたの近くに無限に存在しています。

ただし、私もそうだったように、これを受け取るためには「ある資格と条件」が必要です。この資格と条件とは何なのか、その答えは本書の中にあります。

ぜひ、この答えを見つけ出し、お金を望むまま手にしてください。

幸せなお金持ちになり、時には社会に還元してください。

お金は循環するものですから、そうすることで人様も幸せにできますし、幸せにした分が利息つきで返ってくるでしょう。

最後に感謝の言葉を述べさせてください。

この本を手に取ってくださった皆様、いつも応援してくださる皆様、今回出版の機会をくださった総合法令出版様、本書を店頭に置いてくださる書店様、ありがとうございます。深く感謝しております。

そして、本書にご協力くださった北本治生様、財布コンサルタントになるきっかけをくれた荒木学様、いつもアドバイスしてくださる中口宗紀様、そして、多大な教えをくださる愛あるお金持ちの皆様、すべての皆様に心よりお礼申し上げます。

皆様の未来が、豊かさと幸運に包まれた日々でありますよう祈念しております。

佳山知未

佳山 知未（かやま　ともみ）

財布コンサルタント
KT オフィス代表

富山県富山市出身。みずほ証券や NTT グループで役員秘書を務めた後に独立。六本木ヒルズの「アカデミーヒルズ」で開催した財布セミナーは人気講座ランキング NO.1 を 11 回獲得。これまでに 1000 人以上の個人鑑定を行ない、財布やお金の正しい使い方を指導してきた。

仕事柄多くの会社役員や経営者と交流を持ち、プライベートでも億万長者や富裕層との繋がりが多い。多くのお金持ちと関わる中で、お金と縁のある人とそうでない人の違いに興味を持つようになる。特に財布や持ち物の特徴に注目して法則を見出し、成功したい人へのアドバイスを行うようになる。

独立後は財布のスペシャリストとして活躍。メディアに多数、取材実績あり。財布やお金、億万長者をテーマに全国各地で個人・法人向けに開催するセミナーや講演はいつも満席で話題となっている。財布の購入に同行して直接アドバイスする「財布ショッピング同行プラン」が人気を博しており、クライアントから年収アップなどの報告が後を絶たない。

佳山知未ホームページ
http://kayamatomomi.com/

カバーデザイン：土屋和泉
本文デザイン：新田由起子（move）
図表・DTP：横内俊彦
編集協力：後藤里夏

お金持ちが大切にしている財布の習慣

2016年4月5日　初版発行

著　者　佳山知未
発行者　野村直克
発行所　総合法令出版株式会社
〒103-0001 東京都中央区日本橋小伝馬町 15-18
ユニゾ小伝馬町ビル 9 階
電話 03-5623-5121

印刷・製本　中央精版印刷株式会社

落丁・乱丁本はお取替えいたします。

ISBN 978-4-86280-498-3
総合法令出版ホームページ　http://www.horei.com/

投資の神様
バフェット流投資で、勝ち組投資家になる

大原浩／著　定価 1380 円＋税

物語で読むバフェット流投資！投資初心者ＯＬ美紀が偶然出会ったバフェット流投資実践者ハサウェイから教えを受ける。投資とは何か、株価とはどんなものかについて得られる１冊。

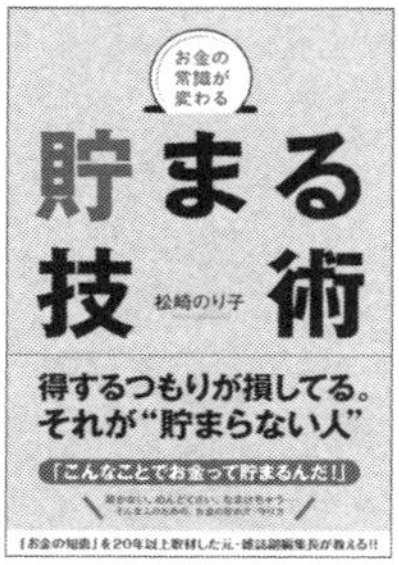

お金の常識が変わる
貯まる技術

松崎のり子／著　定価 1300 円＋税

「得するつもりが、損してる」それが貯まらない人！お金賢者は収入にかかわらず、満足度の高い自分のスタイルを持っています。確実にお金を蓄えながら心豊かに暮らす術を解説。

お金を稼ぐ人は、
なぜ、筋トレをしているのか？

千田琢哉／著　定価 1200 円＋税

お金を稼ぎ続けるエグゼクティブは、体力アップがイコール収入アップにつながることがよくわかっているものだ。筋トレを通じて、肉体の進化とともに人生を飛躍させる方法。

ユダヤ人大富豪に学ぶ
お金持ちの習慣

星野陽子／著　定価 1300 円＋税

４畳一間、資産ゼロから６億円の不動産投資家へ。ユダヤ人大富豪から直接学び、資産家となった著者は資産を得るまでにどう行動したのか？「行動」を「お金」に変える方法。